Künstliche Intelligenz

Erkenntnis und Glaube

Schriften der Evangelischen Forschungsakademie NF

Band 52

Künstliche Intelligenz

Macht der Maschinen und Algorithmen zwischen Utopie und Realität

Herausgegeben von
Alfred Krabbe, Hermann Michael Niemann
und Thomas von Woedtke

EVANGELISCHE VERLAGSANSTALT
Leipzig

Bibliographische Information der Deutschen Nationalbibliothek
Die Deutsche Nationalbibliothek verzeichnet diese Publikation in der
Deutschen Nationalbibliographie; detaillierte bibliographische Daten
sind im Internet über http://dnb.dnb.de abrufbar.

Cover: Kai-Michael Gustmann, Leipzig
Satz: Prof. Thomas von Woedtke, Greifswald; Prof. Hermann Michael Niemann, Rostock
Druck und Binden: Hubert & Co., Göttingen

ISBN 978-3-374-07115-9 // eISBN (PDF) 978-3-374-07116-6

www.eva-leipzig.de

Inhalt

Einleitung 7

Wilfried Hanisch, Sebastian Rudolph
Künstliche Intelligenz aus technischer Sicht............................ 19

Franz Danksagmüller
Vom Golem über Asimovs Roboter bis zu Markow-Ketten:
Künstlerische Auseinandersetzungen mit Künstlicher
Intelligenz 67

Joachim Funke
Was ist Intelligenz?
Die psychologische Sicht 87

Peter Liggesmeyer
Künstliche Intelligenz in der modernen Welt:
Was nutzen wir schon und was erwartet uns demnächst? 111

Catrin Misselhorn
Grundsätze der Maschinenethik 121

Dirk Evers
Gottebenbildlichkeit und Künstliche Intelligenz 137

Verzeichnis der Autorinnen und Autoren 171

Einleitung der Herausgeber

Das Thema „Künstliche Intelligenz (KI)" wird seit einigen Jahren in sehr verschiedenen Formaten und Veranstaltungen intensiv diskutiert und reflektiert. In den Medien kann man gefühlt nahezu täglich Hinweise und Artikel dazu finden. Dabei entsteht allerdings der Eindruck, dass mit diesem übergeordneten Begriff sehr unterschiedliche Assoziationen und Hintergründe verbunden werden und dass viele Beiträge von eher oberflächlicher Kenntnis in der Sache und häufig sehr einseitiger Betrachtung geprägt zu sein scheinen.

Nach einer Informationsbroschüre des Bundesministeriums für Bildung und Forschung vom März 2020 ist „Künstliche Intelligenz (KI) ... ein Teilgebiet der Informatik. Sie erforscht Mechanismen, die intelligentes menschliches Verhalten simulieren können. Das beinhaltet zum Beispiel, eigenständig Schlussfolgerungen zu ziehen, angemessen auf Situationen zu reagieren oder aus Erfahrungen zu lernen."[1]

Die in dieser Beschreibung zentrale Eigenständigkeit, Lern- und Reaktionsfähigkeit technischer Systeme impliziert die Ambivalenz und Unsicherheit einerseits, die solchen Technologien entgegengebracht werden, aber auch die damit verbundenen immensen Möglichkeiten und Chancen. Übersehen oder vernachlässigt wird aber bei derartigen Interpretationen häufig die in der genannten Definition enthaltene Formulierung von „Mechanismen, die intelligentes menschliches Verhalten *simulieren* können", d.h. sie können intelligent *erscheinen*, müssen dies aber deshalb nicht zwangsläufig *sein*. Dies ist jedoch ein wesentlicher Aspekt, der bei der Behandlung der Thematik KI immer Berücksichtigung finden sollte und dessen Nichtbeachtung vielfach irreführende Schlussfolgerungen ermög-

---

[1] Bundesministerium für Bildung und Forschung 2020.

licht und zu – positiv wie negativ – überzogenen Positionierungen führen kann.

Selbständig handelnde technische Systeme, humanoide Roboter, Cyborgs, die die Macht über die Menschen und die Erde übernehmen – all das war und ist Gegenstand von Science-Fiction-Literatur und entsprechenden Filmen seit vielen Jahren. Auch wenn nicht alle Menschen derartige Werke gelesen bzw. gesehen haben, sind sie im allgemeinen Bewusstsein so präsent, dass die damit verbundenen Implikationen allgegenwärtig erscheinen, insbesondere die mehr oder weniger diffuse Warnung vor einer möglichen Bedrohung einschließlich der daraus resultierenden Ängste und Vorbehalte. Es ist zu vermuten, dass diese „Vorbildung" ein wesentlicher Grund für die Problematisierung derartiger technischer Systeme ist, wobei diese Problematisierung in und mit den einschlägigen Werken zum Teil selbst vorgenommen wird.

Auf der anderen Seite stehen Szenarien, die eine nahezu unbegrenzte Erweiterung der menschlichen Fähigkeiten, ja des Lebens auf der Erde insgesamt durch KI-basierte Systeme prognostizieren. Dies geht so weit, um nur ein Beispiel zu nennen, dass der bekannte und nicht unumstrittene (und inzwischen 100 Jahre alte) britische Wissenschaftler James Lovelock in seinem Buch „Novozän. Das kommende Zeitalter der Hyperintelligenz"[2] selbständig agierende elektronische Systeme, die das Resultat menschlicher Technologieentwicklung sind, als konsequente Fortsetzung der Evolution – insbesondere im Hinblick auf sich verändernde Lebensbedingungen auf der Erde – weiterzudenken versucht. Ein Zitat aus dem von seinem Mitautor Bryan Appleyard im Januar 2019 verfassten Vorwort zu diesem Buch beschreibt diese Position wie folgt:

> "Es geht ... nicht um die gewaltsame Machtergreifung der Maschinen, wie sie in vielen Science-Fiction-Büchern und -Filmen vorkommt. Vielmehr werden Menschen und Maschinen vereint sein, denn es wird beider bedürfen, um ... die Erde als lebenden Planten – zu erhalten. ... Im Konzept des Lebens ist die Möglichkeit der Er-

---

[2] Lovelock 2020.

8

kenntnis enthalten, die Möglichkeit von Wesen, die die Natur des Kosmos beobachten und über sie reflektieren können. Ob die Menschen nun mit ihren elektronischen Nachkommen leben oder von ihnen verdrängt werden, wir werden eine entscheidende Rolle im Prozess der kosmischen Selbsterkenntnis gespielt haben. [James Lovelock] ist kein Anthropozentrist. Er begreift die Menschen nicht als höchste Wesen, als den Gipfel und Mittelpunkt der Schöpfung."

Dieser Standpunkt beruhe auf der Überzeugung,

> „dass die Biosphäre ihre eigenen Überlebenswerte hat, die weit über irgendwelche humanistischen Werte hinausreichen. Damit liegt es auf der Hand: Wenn Leben und Wissen ganz und gar elektronisch werden, dann soll es wohl so sein; wir haben unsere Rolle erfüllt, und neuere, jüngere Akteure erscheinen bereits auf der Bildfläche."[3]

Diese sich optimistisch gebende und in Teilen sicher extreme Sichtweise geht zum Teil noch über transhumanistische Pläne hinaus, die auf eine Erweiterung menschlicher Fähigkeiten durch mehr oder weniger direkte Kopplung bzw. Erweiterung des menschlichen Körpers durch elektronische Systeme und damit die Schaffung von Eliten und Übermenschen hinausläuft, sondern zieht gleichsam eine Ablösung menschlichen Lebens durch technische Systeme in Betracht.

Auf der anderen Seite spricht aus vielen dieser Visionen auch eine Ergebenheit gegenüber einer vermeintlichen Unausweichlichkeit solcher Entwicklungen, die der Soziologe und Sozialpsychologe Harald Welzer als „Selbstentmündigungsfatalismus" bezeichnet. So heißt es in seinem 2016 erstmalig erschienenen Buch „Die smarte Diktatur. Der Angriff auf unsere Freiheit"[4], das sich mit dem Feld der Digitalisierung insgesamt befasst:

---

[3] Lovelock 2020, 12-13.
[4] Welzer 2018.

„Es gibt ... eine anscheinend unausweichliche Formulierung. Sie lautet: Das alles ist nun mal da, also müssen wir die Konsequenzen tragen."

Welzer zitiert den Medienwissenschaftler Florian Sprenger:

„Die Abgabe der Souveränität an eine Maschine bringt eine neue Definition des Menschen – oder des Menschlichen – mit sich. Ich denke, es wäre ein Fehler, sich gegen eine solche Ausweitung der Souveränität auf Maschinen zu wehren, weil man dann die technische Entwicklung verpasst."

Welzers Fazit:

„Das ist nicht mal binär, das ist die reine Tautologie: Man muss sich der Entwicklung anpassen, weil man sonst die Entwicklung verpasst."[5]

Diese kurzen, schlaglichtartigen Betrachtungen sollten die Situation skizzieren und illustrieren, in der wir uns als Gesellschaft im Hinblick auf neue wissenschaftliche und technologische Entwicklungen befinden. Es ist für den Einzelnen und die Einzelne schwer, hier eine begründete und fundierte Haltung einzunehmen, zumal die von einer zunehmend sensationshungrigen und nicht immer sorgfältig agierenden Medienlandschaft bereitgestellten Informationen oft selbst zu hinterfragen sind, was die Beschäftigung mit einem an sich schon nicht einfachen Thema wie der KI nicht unbedingt erleichtert.

Es kommt also vor dem Hintergrund der sehr unterschiedlichen Interessenlagen und Betrachtungsweisen der Akteure und der Betroffenen, die wir schließlich alle sind, darauf an, einen begründeten und begründbaren Standpunkt zu finden. Dies war ein Ziel der unter dem Titel „Künstliche Intelligenz. Macht der Maschinen und Algorithmen zwischen Utopie und Realität" online durchgeführten Januartagung 2021 der Evangelischen Forschungsakademie (EFA). Sie knüpft damit an das immer wieder auf ihren Tagungen und in ihren Publikationen reflektierte Feld der Betrachtung von – zumin-

---

[5] Welzer 2018, 211-212.

dest gegenwärtig abschätzbaren – gesellschaftlichen Folgen wissenschaftlicher und technischer Entwicklungen an.

An der Einführung und Prägung des Begriffes „Künstliche Intelligenz" (artificial intelligence - AI), der – nach manchmal variierenden Angaben – etwa im Jahr 1956 erstmals gebraucht wurde, war
Marvin Minsky (1927-2016) maßgeblich beteiligt, der KI 1966 so de-
finierte:

> „Künstliche Intelligenz liegt dann vor, wenn Maschinen Dinge tun,
> für deren Ausführung man beim Menschen Intelligenz unter-
> stellt."[6]

Mit dieser Begriffsdefinition ist folglich die assoziative Verbindung
maschineller (Computer-)Systeme und Prozesse mit biologischen
und menschlichen Eigenschaften, Fähigkeiten und Prozessen von
vornherein angelegt. Weitere Begrifflichkeiten aus diesem Zusammenhang wie Elektronengehirn, maschinelles Lernen, neuronale
Netze etc. unterstreichen diese Praxis der Übertragung ursprünglich aus dem biologischen oder sozialen Bereich stammender Begriffe auf technische Systeme. Insbesondere der Begriff der „neuronalen Netze" scheint sich mittlerweile soweit verselbständigt zu
haben, dass es zu einer Art „Rückassoziation" kommt, d.h. dem
analog benannten technischen System werden ähnliche Fähigkeiten wie dem biologischen Namenspaten zugesprochen. Diese „Bio-
logisierung" oder „Humanisierung" menschengemachter und von
Menschen nutzbarer technischer Systeme ist vom Ursprung her si-
cherlich einem aus mechanistischen Weltauffassungen gespeisten
und in den 1950er und 1960er Jahren noch weitgehend ungebro-
chenen Technik- und Zukunftsoptimismus geschuldet, der nahezu
alles für menschlich machbar erachtete und bis heute tatsächlich
zu erheblichen, durchaus als Fortschritt zu bezeichnenden For-
schungs- und Entwicklungsleistungen geführt hat. Nichtsdesto-
trotz birgt die mit dieser Übernahme von Begrifflichkeiten verbun-

---

[6] http://www.digitalwiki.de/artificial-intelligence/ (Zugriff 02.04.2019).

dene Grenzüberschreitung auch Probleme. Dies betrifft insbesondere die assoziative Zuschreibung von umfassenden menschlichen Möglichkeiten an technische Systeme, die zu extremen Erwartungshaltungen im Hinblick auf deren zumindest potentielle Leistungsfähigkeit und daraus resultierende Machbarkeitsvisionen führt, die sowohl in höchst optimistischen wie auch apokalyptischen Zukunftsszenarien resultieren. Gemeinsam ist allen diesen Visionen und Gedankenspielen häufig, dass sie weit entfernt von der gegenwärtigen technischen Realität und tatsächlichen Machbarkeit agieren und möglicherweise oft vor allem auf assoziativen Analogieschlüssen basieren, die vor allem aus den verwendeten Begrifflichkeiten zu resultieren scheinen.

Die Tagung der Evangelischen Forschungsakademie zur KI, deren Beiträge in dem vorliegenden Buch dokumentiert sind, stellt einen Versuch dar, den in der (medialen) Öffentlichkeit präsentierten und diskutierten positiven wie negativen technischen Visionen eine realistische Einschätzung der tatsächlichen Möglichkeiten und Grenzen von KI gegenüberzustellen. Dabei auch christliche Standpunkte von Wünschenswertem und Notwendigem in der Gestaltung der menschlichen Lebenswelt zur Sprache zu bringen, ist ein eigener Akzent, den die Evangelische Forschungsakademie zur aktuellen Diskussion beitragen kann.

Selbstverständlich erfordert eine kritische und konstruktive Auseinandersetzung mit dem Thema KI einige Grundkenntnisse in der Sache selbst. Was ist und was kann Künstliche Intelligenz, welche technischen Komponenten machen ein KI-System aus, welche derartigen Systeme und Prozesse nutzen wir schon und was können wir in absehbarer Zeit noch erwarten? Der Beitrag von *Wilfried Hanisch* und *Sebastian Rudolph* (S. 19) erläutert zunächst einige grundsätzliche technische Aspekte der KI. Es wird deutlich, dass KI-Anwendungen zugrundeliegende, überwiegend mathematische Methoden zum Teil relativ einfach und seit Jahrzehnten bekannt sind, die rasante Entwicklung moderner Rechentechnik aber zu einer immensen Steigerung von deren Leistungsfähigkeit führt, woraus sich das aktuelle Erscheinungsbild der mitunter übermächtig erscheinenden KI-Technologien vor allem ergibt. Die Autoren greifen auch Fragen der öffentlichen Debatte auf und positionieren sich dazu, um letztendlich zu konstatieren, dass „der erfolgreiche Einsatz von KI-Technologien zum Wohle aller nur auf der Grundlage einer reflektierten gesamtgesellschaftlichen Akzeptanz gelingen" kann (S. 57).

Wie eingangs schon erwähnt, waren künstliche, menschenähnlich agierende Kreaturen Gegenstand künstlerischer Werke, lange bevor deren technische Realisierbarkeit überhaupt in die Nähe des Denkbaren rückte. Waren die mechanischen Dienerinnen des Hephaistos in der griechischen Mythologie noch göttliche Geschöpfe, kamen später der Golem, Frankensteins Monster oder Asimovs Roboter als menschengemachte Kreaturen hinzu und wurden Teil unserer kulturellen Landschaft. *Franz Danksagmüller* schlägt in seinem Beitrag (S. 66) einen weiten Bogen von der Antike in die Gegenwart und zeigt, dass über Produkte der – meist literarischen – Phantasie hinaus Menschen schon immer auch von real existierenden wundersamen Maschinen und mechanischen Wesen fasziniert worden sind, denen auf mitunter genial einfache Weise vermeintlich autonome Bewegungsabläufe oder – im Falle von Musikautomaten – Musikalität „einprogrammiert" wurden, so dass bis zu einem gewissen Maße selbständiges Handeln oder sogar Kreativität simuliert werden konnte. Hier lässt sich eine Kontinuität bis hin zu gegenwärtigen KI-Anwendungen feststellen. Die künstlerische Auseinandersetzung mit derartigen, menschliche Handlungen simulierenden Systemen in diesem Beitrag kommt zu dem Schluss, dass wir in nicht unerheblichem Umfang unsere Vorstellungen, Wünsche und Ängste in derartige künstliche Systeme hineinprojizieren, so dass genau geprüft werden sollte, inwieweit diesbezügliche Erwartungen und Bedrohungen möglicherweise eher Produkte unserer Phantasie als realer technischer Möglichkeiten sind.

Die bereits erwähnte Übertragung von im biologischen oder sozialen Kontext gebräuchlichen Begriffen auf technische Systeme trifft im Falle von KI insbesondere auf den Begriff „Intelligenz" zu. *Joachim Funke* geht in seinem Beitrag (S. 87) der Frage „Was ist Intelligenz?" aus psychologischer Sicht nach. Er zeigt, dass eine Definition von Intelligenz schwierig ist und in dem Begriff letztendlich das zusammengefasst wird, „was die moderne Kognitionsforschung als ‚höhere' kognitive Prozesse bezeichnet" (S. 89). Bedeutsam erscheint vor allem, dass eine Bewertung von Intelligenz in erheblichem Maße von den zugrunde gelegten Testkriterien abhängt. Der Autor kommt zu dem Schluss, dass trotz eines bislang „schmalen Verständnisses von Intelligenz" dieses Konstrukt „in unserer modernen Leistungsgesellschaft eine wichtige Selektionsfunktion" erfüllt (S. 106).

Diese Schlussfolgerung sollte auch bei der Bewertung und Einordnung von tatsächlichen und vermeintlichen Leistungen von KI-Systemen und -Anwendungen berücksichtigt werden, spielt doch die eigene – positive wie negative – Erwartungshaltung offenbar auch hier eine nicht unerhebliche Rolle. *Peter Liggesmeyer* geht in seinem Beitrag (S. 111) auf Anwendungsfelder der KI ein, wobei er sich auf das Maschinelle Lernen (ML) konzentriert, dass er ausdrücklich als Teilbereich bezeichnet, der auf keinen Fall mit KI insgesamt gleichzusetzen ist. Anhand des Beispiels Autonomes Fahren verdeutlicht er im Zusammenhang mit sicherheitskritischen Aspekten die Grenzen des Maschinellen Lernens, deren Beherrschung die letztendliche Kontrolle durch menschliche Intelligenz erfordert. So kommt *Liggesmeyer* zu dem Schluss, dass gegenwärtig nicht die vermeintliche Intelligenz technischer Systeme zu fürchten sei, sondern die „verbliebene Dummheit der existierenden Lösungen" (S. 119). Hier bestehe tatsächlicher Forschungs- und Entwicklungsbedarf.

Eng verbunden mit sicherheitstechnischen Fragen bei vermeintlich „autonom" arbeitenden KI-Systemen sind ethische Aspekte, insbesondere die Frage, ob und wie ethische oder moralische Entscheidungen in den Aktionen von KI-basierten Systemen und Prozessen unmittelbar zu berücksichtigen sind im Sinn eines „Einprogrammierens" entsprechender Entscheidungsgrundlagen. In diesem Zusammenhang wäre dann auch die Frage der Verantwortung bzw. Verantwortlichkeit aufzuwerfen, wenn von maschinellen Systemen getroffene (bzw. ihnen überlassene) Entscheidungen direkte Auswirkungen auf das menschliche bzw. gesellschaftliche Leben haben (siehe etwa das bekannte Gedankenexperiment des sog. „Weichenstellerfalls"[7] im Zusammenhang mit dem Autonomen Fahren). Derartige Fragen werden im Rahmen der neuen Disziplin „Maschinenethik" untersucht, in die *Catrin Misselhorn* einführt (S. 121). Die Autorin erörtert zunächst Argumente für und gegen eine Übertragung moralischer Entscheidungen auf künstliche Systeme. Dabei wird deutlich, dass der Dreh- und Angelpunkt solcher Übertragungen darin besteht, ob damit auch eine Übertragung von Verantwortung einhergeht. Um hier eine Grenze zu markieren, stellt die Autorin „drei Grundsätze guter Maschinenethik" vor und erläutert diese anhand von praktischen Beispielen. Insbesondere der dritte Grundsatz, dass „sichergestellt werden [muss], dass Menschen stets in einem substantiellen Sinn die Verantwortung übernehmen" (S. 130) steht in Übereinstimmung mit bereits von *Hanisch* und *Rudolph* sowie *Liggesmeyer* betonten Voraussetzungen für die Anwendung von KI-Systemen.

Wie schon im Zusammenhang mit der Gentechnik wird gern auch im Zusammenhang mit der KI vom „Menschen als Schöpfer" gesprochen. Dieser Begriff wird – meist nicht explizit, aber zumindest unterschwellig – nicht nur im Sinne der Zuschreibung kreativer, schöpferischer Tätigkeiten an einzelne Personen, sondern in

---

[7] Der Weichenstellerfall (Trolley-Problem) ist ein moralphilosophisches Gedankenexperiment, das das Entscheidungsdilemma eines Weichen-stellers zum Inhalt hat, der eine außer Kontrolle geratene Bahn, die mehrere Menschen zu überrollen droht, durch Umstellung der Weiche auf ein anderes Gleis leiten kann, auf dem sich nur eine Person befindet, die dann allerdings auch überrollt würde.

einem umfassenderen, gleichsam „göttlichen" Sinne gebraucht. Was bedeutet es für die menschliche Gesellschaft, wenn bestimmte technologische Entwicklungen und deren Akteure mit einer solchen Hybris verbunden werden und dies häufig unwidersprochen geschieht? Auch wenn ein solcher Anspruch vor dem Hintergrund informierten Wissens über die Möglichkeiten und Grenzen Künstlicher Intelligenz möglicherweise eher als lächerlich einzuschätzen ist, steht der Anspruch doch da. Was können wir als Kirche, was können wir als auf dem Grund des christlichen Glaubens stehende Wissenschaftlerinnen und Wissenschaftler dem entgegensetzen? Und vor allem: Bedarf es spezifischer christlicher Antworten auf die mit der Entwicklung der KI verbundenen Herausforderungen?

Dirk Evers geht in seinem Beitrag „Gottebenbildlichkeit und Künstliche Intelligenz" (S. 137) auf diese Fragen ein. Nach einer Einführung in das christliche Konzept der Gottebenbildlichkeit des Menschen befasst er sich vor allem damit, welche grundlegenden (und unüberbrückbaren?) Unterschiede zwischen Mensch und Maschine existieren und sieht die entscheidenden Herausforderungen von KI nicht in einer möglichen partiellen Überlegenheit von KI-basierten Systemen, denn gerade dafür werden sie ja gemacht. Es geht letztendlich darum, unseren Umgang mit diesen Systemen zu bestimmen, woraus sich die zwingende Notwendigkeit ergibt, dass wir Menschen uns mit der Frage nach uns selbst konfrontieren lassen. Letztlich ist zu konstatieren, dass wir „nicht nur ein angemessenes Verständnis des Geschöpfes" – also von uns selbst als Menschen – sondern auch „ein angemessenes *Gottesbild* [brauchen], das nicht einfach aus einer Figur von Steigerung und Überbietung entwickelt wird." (S. 166). *Evers* konstatiert abschließend, dass „Gott als diejenige Größe" zu verstehen sei, „die in keiner geschöpflichen Wirklichkeit restlos aufgeht", so dass „den Menschen als Bild Gottes zu verstehen" gerade ausschließt, „ihn oder irgendeine andere Größe der geschaffenen Wirklichkeit mit Gott zu identifizieren" und sieht darin eine Anleitung, auch im Umgang mit KI das *menschliche Maß* zu finden (S. 166).

Diese letztgenannte Formulierung stellt einen durchaus zutreffenden Bezug zur Januartagung der Evangelischen Forschungsakademie 2018 „Das menschliche Maß. Gesellschaftlicher Wandel zwischen Selbstoptimierung und Selbstbescheidung" her, die sich mit aktuellen biotechnologischen Fragestellungen befasste.[8] Auch bei der KI geht es wieder um technologische Herausforderungen, die gegebenenfalls disruptive Konsequenzen haben können und demzufolge fundierte Bewertungen und Entscheidungen erfordern.

Die Evangelische Forschungsakademie hat mit ihrer Tagung und dem vorliegenden Tagungsband den Versuch unternommen, die Thematik KI weitestgehend unabhängig von praktischen, wirtschaftlichen, politischen oder fachwissenschaftlichen Interessen zu behandeln, gleichsam „einen Schritt zurück zu treten" und zu versuchen, die gegenwärtigen Debatten aus einer annähernd neutralen Perspektive zu betrachten. Damit soll ein Beitrag zu einer einigermaßen realistischen Einschätzung geleistet werden, die es erlaubt, entsprechende Positionen im gesellschaftlichen Diskurs zum Thema KI zu vertreten. Auf diese Weise können wir als Gesellschaft die Verantwortung für eine sinnvolle und angemessene Nutzung solcher durchaus faszinierenden technischen Systeme, die wir als Künstliche Intelligenz bezeichnen, viel bewusster übernehmen. Dieser zentrale Aspekt der Verantwortungsübernahme bei der Entwicklung und dem Einsatz KI-basierter Systeme wurde in allen Beiträgen direkt oder indirekt als eine zentrale Frage adressiert.

In einer Sendung des Deutschlandfunks mit dem Titel „Maschinen-Erwachen" am 22. Dezember 2019 sagte die Wissenschaftsjournalistin Manuela Lenzen:

> „Diese Angst davor, dass die Roboter irgendwann mit dem Maschinengewehr vor der Tür stehen und uns in den Kaninchenstall sperren, ist vergleichsweise absurd. Wenn man sich schon fürchten möchte vor KI, dann sollte man sich davor fürchten, wie Menschen diese Systeme einsetzen. Es sind einfach Werkzeuge, die von Menschen mit bestimmten Interessen zu bestimmten Zwecken einge-

---

[8] Weidmann & von Woedtke 2018.

setzt werden. Und diese ganzen Geschichten, Roboter machen sich selbstständig, lenken einfach davon ab, dass es nicht die Maschinen sind, die die Agenda entwickeln, sondern Menschen sind, die diese Systeme mit einer bestimmten Absicht einsetzen. Und davor sollte man sich fürchten."[9]

Um sich nicht davor fürchten zu müssen und Verantwortung übernehmen zu können, ist eine informierte und aufgeklärte Gesellschaft notwendig. Die Evangelische Forschungsakademie möchte mit ihrer Tagung und dem vorliegenden Tagungsband einen eigenen, besonderen Beitrag zu diesem Diskurs leisten.

Im Namen der Herausgeber

Thomas von Woedtke
Greifswald, im Oktober 2021

Literatur

Bundesministerium für Bildung und Forschung (2020): Informationsbroschüre „Künstliche Intelligenz", Berlin.

Lovelock, James (2020): Novozän. Das kommende Zeitalter der Hyperintelligenz. München.

Weidmann, Bernd / von Woedtke, Thomas (Hrsg.) (2018): Das menschliche Maß. Orientierungsversuche im biotechnologischen Zeitalter, Erkenntnis und Glaube Band 49, Leipzig.

Welzer, Harald (2018): Die smarte Diktatur. Der Angriff auf unsere Freiheit, Frankfurt/M., 2. Auflage.

---

[9] https://www.deutschlandfunkkultur.de/von-kuenstlern-phantasten-realisten-und-ki-maschinen.3691.de.html?dram:article_id=463733 (Zugriff 16.10.2021).

Wilfried Hanisch | Sebastian Rudolph

Künstliche Intelligenz aus technischer Sicht[1]

Künstliche Intelligenz ist in aller Munde. Weltweit pumpen Staaten und Unternehmen Milliarden in Forschung und Entwicklung, die Bundesregierung hat das Thema durch die Verabschiedung der „Strategie Künstliche Intelligenz" auch in Deutschland zur nationalen Priorität erklärt, und es scheint nur noch eine Frage von wenigen Jahren, bis autonome Fahrzeuge unser Straßenbild prägen und Drohnen uns heute mit Waren beliefern, die wir erst morgen bestellen wollten.

Gleichzeitig mehren sich mahnende Stimmen: Stephen Hawking (†), Bill Gates und Elon Musk warnen vor der heraufziehenden Gefahr einer übermenschlichen Superintelligenz, eine Vielzahl namhafter KI-Experten fordert die Ächtung von autonomen Waffensystemen (in der Presse gern auch mal „Killerroboter" genannt) und anscheinend wimmeln soziale Plattformen nur so von künstlichen Agenten (Bots), eingeschleust mit dem Ziel der Meinungs- und letztlich Wahlmanipulation. Schöne neue Welt.

---

[1] Dieser Beitrag ist eine Kombination des auf der Januartagung 2021 der Evangelischen Forschungsakademie (EFA) gehaltenen Vortrages „Was ist und was kann Künstliche Intelligenz?" (Sebastian Rudolph) und der für die wegen der Covid-19-Pandemie ausgefallenen EFA-Pfingsttagung 2020 vorbereiteten Einführung (Hanisch, Wilfried: Künstliche Intelligenz, Sonderdruck der Evangelischen Forschungsakademie, Hannover 2020).

Wortanalyse

Was jedoch ist unter der Wortkombination »Künstliche Intelligenz« zu verstehen? Bestandteile der Phrase sind »Intelligenz« und »Künstlich«. Der Brockhaus definiert: »Intelligenz [lat., zu intellegere: erkennen, verstehen; eigentlich: zwischen etwas wählen]. Im allgemeinen Verständnis [ist Intelligenz] eine bestimmte Form der Begabung, die sich als Fähigkeit äußert, anschauliche sowie abstrakte Beziehungen zu erfassen, herzustellen und zu deuten und dadurch sich an neuartige Situationen anzupassen und sie gegebenenfalls durch Problem lösendes Verhalten zu bewältigen.«

Über die Komplexität der erfassten Beziehungen werden dabei keine Aussagen gemacht. Intelligenz ist eine dem Menschen (und vielleicht auch anderen Geschöpfen) gegebene Eigenschaft. Nach gängigem wissenschaftlichen Verständnis ist sie in den Strukturen unseres Körpers, insbesondere des Gehirns, angelegt. Sie wird nicht grundsätzlich erworben oder erarbeitet, kann aber trainiert und weiterentwickelt werden. In diesem Sinne ist sie also etwas Natürliches. Sie ist die notwendige Voraussetzung unserer speziellen Fähigkeiten, die wir lernen können. (Es wird angenommen, dass ein Mensch von dem, was er im gesamten Leben lernt, den größten Teil bereits in den ersten fünf Jahren seines Lebens gelernt hat. Gemeint ist dabei nicht allein das bewusste, also sprachlich gefasste Wissen. Das kann uns Bescheidenheit lehren.)

In der Definition wird auch nichts darüber gesagt, mit welchen Methoden und Strategien die Erfassung der Beziehungen erfolgt. Man muss also nicht bewusste Denkvorgänge auf sprachlicher Ebene voraussetzen. Ein großer Teil unserer Lebensbewältigung erfolgt auf assoziativer Ebene und auch das kann »intelligent« sein.

Was meint nun das Attribut »künstlich«? Das Wort hat viele Bedeutungen, beispielsweise:

- etwas besonders gut Gelungenes (»Lobe den Herren, der künstlich und fein dich bereitet,...«);

- etwas Menschengemachtes im Gegensatz zum Natürlichen – das kann sowohl positiv als auch negativ gemeint sein;
- künstlich im Sinne von „gekünstelt", also einem natürlichen Verlauf entgegenwirkend (z.B. „künstliches Lachen");
- künstlich im Sinne von „kunstvoll", etwa als lobende Bezeichnung einer handwerklichen Leistung;
- künstlich als Ausdruck menschlichen Formwillens.

In unserem Fall ist sicher der zweite Punkt die rechte Wahl. Natürliche Funktionen werden schon seit langem durch künstliche Nachbildungen realisiert. Am Anfang standen primitive Prothesen. Die werden ständig verbessert und weiterentwickelt. Heute ist es schon so, dass bei den Paralympics die Athleten bessere Ergebnisse vorweisen als ihre gesunden Kollegen mit ihren natürlichen Gliedmaßen. Das wäre eine positive Wertung. Andererseits hat »künstlich« auch eine negative Konnotation: »Kunststoff«, »Kunstseide«, »Kunsthonig« haben die Anmutung eines unzureichenden Ersatzes.

Historisches

Auch das Forschungsfeld der Künstlichen Intelligenz ist alles andere als neu: Die Bezeichnung „Artificial Intelligence" entstand schon 1956 im Rahmen einer Zusammenkunft namhafter Wissenschaftler am Dartmouth College in Hanover, New Hampshire. Seither hat das Gebiet mehrere euphorische Phasen mit bemerkenswerten Durchbrüchen, aber auch übersteigerten Erwartungen und gewagten Prognosen erlebt. So sagte Marvin Minsky, einer der Pioniere der KI-Forschung, schon 1970 voraus, dass bis zur Entwicklung einer Maschine mit der allgemeinen Intelligenz eines durchschnittlichen Menschen nur noch drei bis acht Jahre verstreichen würden. Regelmäßig folgen auf diese Höhenflüge Phasen der Ernüchterung, Stagnation und versiegender Förderung – im Fachjargon gern als

„AI Winter" bezeichnet. In der langfristigen Entwicklung jedoch hat die künstliche Intelligenz erstaunliche Fortschritte gemacht. Das liegt auch daran, dass durch die rasante Steigerung der Leistung moderner Rechner Abläufe in angemessener Zeit ausgeführt werden können, die bis vor einiger Zeit nur als logische Möglichkeit im Raum standen und kaum praktisch realisiert werden konnten. Heute tragen normale Bürger mit ihrem Smartphone einen Rechner mit sich herum, dessen Leistungsfähigkeit etwa dem 1.000.000–fachen eines Rechnersystems entspricht, wie es vor 50 Jahren gebaut wurde, und das damals für seinen Betrieb ein ganzes Gebäude voller Technik und Personal benötigte. Flankiert von diesem technischen Fortschritt macht die Künstliche Intelligenz der menschlichen tatsächlich ein Alleinstellungsmerkmal nach dem anderen streitig: Im direkten intellektuellen Kräftemessen bei Schach, Go oder dem Quizformat Jeopardy ist *Homo sapiens* mittlerweile klar unterlegen. Automatisch generierte Gedichte, Zeichnungen und Musikstücke sind handwerklich solide und ästhetisch zumindest interessant, auch wenn der künstlerische Wert hier natürlich im Auge des (menschlichen) Betrachters liegt.

Was ist nun also »Künstliche Intelligenz«?

Eine klassische Definition stammt von Marvin Minsky: »Künstliche Intelligenz liegt dann vor, wenn Maschinen Dinge tun, für deren Ausführung man beim Menschen Intelligenz unterstellt.« Es wird also nicht behauptet, dass die Maschine, die derlei Dinge tut, intelligent sei, sondern nur, dass sie etwas tut, was ein intelligenter Mensch tun kann und woran ein nicht intelligenter Mensch scheitert. Dabei wird nicht mehr erwartet, dass die Maschine alle Intelligenzleistungen eines Menschen oder gar aller Menschen nachbildet.[2] Gemeint ist vielmehr, dass menschengemachte Systeme, Geräte, Maschinen oder andere Artefakte konkrete, klar umrissene Aufgabenstellungen behandeln können. Das ist Herausforderung genug.

Vorstellungen, die darüber hinausgehen, mögen zwar interessant oder provokant sein, sind aber für die nähere Zukunft nicht von Belang. Das heißt aber keineswegs, dass das, was heute möglich ist, ohne Probleme sei oder keine Gefahren berge. Diese Gefahren können aber leicht übersehen werden, wenn man sich statt auf realistische Möglichkeiten auf phantasievolle Spekulationen konzentriert.

Insbesondere darf man Künstliche Intelligenz nicht als direkte Nachbildung menschlichen Denkens verstehen. Das scheitert schon daran, dass die Aufgabenstellung »Denken« kaum konkret und klar umrissen werden kann. Wissen wir denn selbst, wie wir denken? Unsere bewussten Gedanken können, in Sprache gefasst, als näherungsweise sequentielle Beschreibung dessen, was in unserem Gehirn vorgeht, gelten. Nach neurologischen und kognitionswissenschaftlichen Erkenntnissen laufen die tatsächlichen Denkprozesse aber hochgradig parallel ab. Es gibt trotz aller bisherigen Erfolge der Hirnforschung immer noch nur sehr unscharfe Vorstellungen davon, was genau da im Gehirn geschieht. Bisher ist es jedenfalls noch nicht gelungen, einem auch noch so einfachen Gedanken bei seiner Entstehung zuzusehen.

Um verlässliche Aussagen über die Fähigkeiten von KI–Systemen machen zu können, braucht es eine klar formulierte Aufgabenstellung. Insbesondere in der Informatik besteht eine solche Aufgabenstellung typischerweise aus einer genauen Beschreibung von Eingabe (Input) und erwarteter Ausgabe (Output) des beschriebenen Systems. Auch ein KI–System soll in der Regel aus einer Eingabeinformation durch Informationsverarbeitung eine „vernünftige"

---

[2] Gleichwohl gab und gibt es einzelne Vertreter der „starken KI–These", die die Aufgabe der KI in der Entwicklung eines Systems sehen, welches alle Aspekte menschlichen Denkens und Verhaltens abbildet.

Ausgabeinformation (oder -handlung) erzeugen. »Vernünftig« heißt, dass die Ausgabe eine angemessene Antwort bzw. Reaktion auf die Eingabe im Sinne der Lösung einer konkrete Aufgabe bereitstellt.
Beispiele sind etwa:

- Input: deutscher Satz
  Konkrete Aufgabe: Wie heißt der Satz auf Englisch?
  Output: englische Übersetzung des deutschen Satzes

- Input: deutscher Satz
  Konkrete Aufgabe: Welcher Sprachebene (Kindersprache, Literatursprache, Sachaussage, Vulgärsprache) kann der Satz zugeordnet werden?
  Output: Aussage zur Sprachebene

- Input: umgangssprachliche Frage
  Konkrete Aufgabe: Umwandlung der Fragestellung in eine formalisierte Form
  Output: Ergebnis einer Datenbankabfrage auf Basis der formalisierten Fragestellung

- Input: ein handschriftlicher Text, etwa die Adressaufschrift eines Briefes
  Konkrete Aufgabe: Erkennung des Textinhaltes, in diesem Fall also des Versandzieles
  Output: Einsortieren des Briefes in das korrekte Postfach

- Input: weltweite und lokale Wetterdaten
  Konkrete Aufgabe: Prognose der Wetterentwicklung
  Output: Wetterberichte, Sturmwarnungen usw.

Solche und noch anspruchsvollere Aufgaben werden von Menschen mehr oder minder korrekt bewältigt. Das können wir, weil wir zu jeder dieser Problemstellungen bewusst oder unbewusst eine Vorstellung über das jeweils zugrundeliegende System entwickelt haben, es eingeprägt bekommen haben, vielleicht auch schon in unserem Gehirn vorgeprägt gefunden haben und daraus die notwendigen Entscheidungen ableiten können.

Der klassische Weg, solche Aufgaben an ein technisches System zu delegieren, ist, ein adäquates Modell zu bilden, um dann eine angemessene technische Lösung zu entwerfen und umzusetzen. Dieser Prozess kann sich bei vielen Problemen über eine lange Zeit hinziehen, bis eine angemessene Lösung gefunden wird. In manchen Fällen schlägt die aufgabenspezifische Modellbildung aufgrund unzureichender wissenschaftlicher Erkenntnisse oder einer hohen Komplexität des Sachverhaltes fehl. Hier können Methoden der Künstlichen Intelligenz aufgrund ihrer Flexibilität und Adaptivität weiterhelfen.

Natürlich bedeutet das nicht, dass die wissenschaftliche Systemanalyse nun obsolet sei, sondern die Methoden der KI sollen dort einspringen, wo sie bisher noch zu keinem zufriedenstellenden Ergebnis geführt hat.

Die zwei Pfeiler der Künstlichen Intelligenz

Dem beeindruckenden Erfolg der KI in vielen Bereichen liegen zwei komplementäre Ansätze zu Grunde, die sich grob den zwei Formen menschlichen Urteilens zuordnen lassen: Intuition und Logik.

Computer können immer besser und schneller mit großen Datenmengen (seien das nun Zahlungsdaten, Texte oder Bilder) umgehen und in ihnen Regelmäßigkeiten, wiederkehrende Muster, entdecken. Diese Muster lassen sich wiederum einsetzen, um Daten zu bewerten, zu vergleichen oder zu vervollständigen. So können Kreditkartenbetrug erkannt, Texte auf inhaltliche Ähnlichkeit untersucht oder störende Objekte von Fotos entfernt werden.

Zur Erkennung solcher Muster werden Verfahren des maschinellen Lernens eingesetzt, etwa die unter dem Begriff „Deep Learning" gerade wieder besonders populären neuronalen Netze. Maschinelles Lernen liefert imposante Resultate, wann immer sich die relevante Information in Form subtiler statistischer Zusammenhänge aus der „Oberflächenstruktur" der Daten extrahieren lässt und gelegentliche Fehler toleriert werden können. Es ist aber ungeeignet für die präzise Lösung von Problemen, die ein tiefgreifendes Verständnis und komplexere Schlussfolgerungen unter Einbeziehung von Hintergrundwissen erfordern.

Dies wiederum ist die Stärke der sogenannten symbolischen Verfahren, insbesondere der Wissensrepräsentation. Hier geht man von der Verfügbarkeit von Wissen in strukturierten Ressourcen aus, welche je nach Situation und Anbieter als Wissensgraphen (Knowledge Graphs), Linked Data, Wissensbasen (Knowledge Bases) oder auch Ontologien bezeichnet werden. Aus diesen können mit Hilfe von formallogischen Inferenzmethoden komplexe Schlüsse gezogen werden, um anspruchsvolle Informationsbedürfnisse zu befriedigen.

Diese Vorgehensweise hat den Vorteil, dass alle gewonnenen Resultate durch logisch stringente Argumentationsketten erklärbar und damit nachvollziehbar sind. Gerade im Kontext des sehr strengen EU–Rechts – jede Person hat Anspruch auf Erklärung jeglicher sie betreffenden algorithmisch gefällten Entscheidungen – ist erklärbare KI (Explainable AI) von zentraler Bedeutung und durch maschinelles Lernen allein bisher kaum realisierbar.

Sehr wahrscheinlich wird sich allgemeines intelligentes Verhalten auf menschlichem Niveau nur durch eine enge Kopplung von Intuition und Logik, sprich: maschinellem Lernen und Wissensrepräsentation, erreichen lassen; hier allerdings steht die Forschung noch ganz am Anfang.

Exkurs: Entwurf einer KI-Anwendung

Aufbau eines „intelligenten Systems"

In Abbildung 1 sind die wichtigsten Komponenten eines KI-Systems dargestellt. Es nimmt über verschiedene Eingabekanäle Informationen aus der Umwelt auf. Das können Messwerte, Kamerabilder, akustische Eingaben (etwa Spracheingabe oder auch Geräusche), Texteingaben aus Formularen und vieles mehr sein. Durch eine Vorverarbeitung wird ein abstraktes Abbild der Eingangsinformation in Form eines Vektors oder auch einer Symbolfolge erzeugt. Die Vorverarbeitung muss für die jeweilige Aufgabenstellung angemessen sein. In ihren Entwurf gehen möglichst alle verfügbaren Erkenntnisse der Systemanalyse ein. Es ist also Sachwissen zu dem entsprechenden Problembereich und damit interdisziplinäre Zusammenarbeit erforderlich.

Innerhalb dieser Vorverarbeitung können auch Subsysteme eingesetzt werden, die ihrerseits KI-Aufgaben erfüllen. Ein autonomes Fahrzeug wird sicher auch ein Spracherkennungssystem enthalten, über das der Nutzer das Ziel angibt, und es wird ein System enthalten, das Verkehrsschilder und anderes erkennt. Das Gesamtsystem besteht dann aus mehreren Teilsystemen, die aufeinander abgestimmt zusammenwirken.

Der Vorverarbeitung schließt sich der eigentliche Kern der Anwendung an. Darin wird die durch die Vorverarbeitung gewonnene abstrakte Eingangsinformation durch einen Rechenprozess auf eine abstrakte Ausgangsinformation abgebildet. Die in diesem Teil angewendeten mathematischen Methoden, die sogenannten »Algorithmen«, realisieren das, was dem Betrachter als Intelligenzleistung erscheint. Es sind vom Anwendungsfall völlig unabhängige Methoden. Ein und dasselbe Verfahren kann in verschiedensten Kontexten eingesetzt werden.

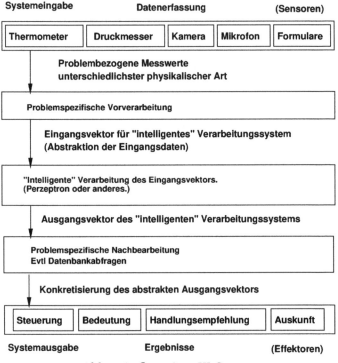

Abb. 1: Aufbau eines KI-Systems

Die aus der »intelligenten« Verarbeitung gewonnene Ausgangs-information muss dann in einer Nachbearbeitung problemabhängig konkretisiert werden. Die gewonnenen Ergebnisse können dann z.B. Geräte steuern, Auskünfte erteilen oder Handlungsempfehlungen abgeben. Im Folgenden werden wir uns auf den zentralen Kern konzentrieren.

Systemanalyse

Künstliche Intelligenz läuft also darauf hinaus, ein technisches System zu schaffen, das eine oder mehrere Funktionen eines komplexen natürlichen Systems oder Teilsystems nachbildet. Bevor auf die Arbeitsweise der KI eingegangen wird, muss also über die Probleme dieser Aufgabenstellung nachgedacht werden. Die Funktion natürlicher Systeme ist durch ihren inneren Aufbau bestimmt, der sich oft nur äußerst unvollständig aufklären lässt. Die Frage, ob das jemals anders sein wird, soll hier nicht erörtert werden. Zweifel daran sind nach wie vor berechtigt, sollen aber nicht zur Verzweiflung führen.

Heutige technische Systeme realisieren solche Funktionen durch universelle Rechner. Diese erlauben die beliebige Kombination elementarer, meist sequentiell ausgeführter Einzelschritte. Damit kann jede denkbare Funktion realisiert werden, wenn sie nur eindeutig definiert ist. Es handelt sich dabei um ein informationsverarbeitendes System. Wenn damit ein natürliches System nachgebildet werden soll, tut man gut daran, auch dieses als informationsverarbeitendes System zu begreifen.

Informationsverarbeitende Systeme begegnen uns überall in der Natur und der Technik. Allen diesen Systemen ist gemeinsam, dass sie über spezielle Sensoren aus ihrer Umgebung Informationen oder Signale aufnehmen (Eingabeinformationen – Input), diese miteinander und mit schon gespeicherter Information (Wissen) verknüpfen, daraus neue Informationen oder Signale generieren (Ausgabeinformationen – Output) und damit durch geeignete Effektoren wieder auf die Umwelt einwirken.

Systeme, um die es in diesem Zusammenhang geht, sind etwa Vorhersagesysteme. In der Meteorologie soll aus den Daten vieler Messstationen die Wetterentwicklung für die nächsten Tage bestimmt werden. Aus ökonomischen Daten sollen Entwicklungen für die zukünftige Konjunktur abgeleitet werden. Eine andere Systemklasse ist die Übernahme von Tätigkeiten, wie sie bisher dem Menschen vorbehalten waren, wie etwa das Führen von Fahrzeugen oder bestimmte Routinetätigkeiten in der Fertigung, aber auch in Medizin und Pflege. Breite Anwendung finden sich in der Mustererkennung und der Klassifikation (etwa Schriftzeichenerkennung) oder bei der Übersetzung von Texten.

Wie schon erwähnt, setzt der klassische Weg, ein vorgegebenes System nachzubilden, voraus, dass man es verstanden hat. Dazu sind drei Schritte erforderlich. *Erstens* ist es nötig, Input und Output des Systems vollständig zu erfassen, *zweitens* den Zusammenhang zwischen Input und Output zu erkennen und *drittens* herauszufinden, wie das System diesen Zusammenhang herstellt. Dem steht die Schwierigkeit entgegen, dass der innere Aufbau des nachzubildenden Systems nicht offen liegt. Man spricht dann davon, dass man es mit einem »Schwarzen Kasten« (»Black Box«) zu tun hat (Abbildung 2). Das Konzept »Black Box« ist ein zentraler Begriff der Systemtheorie. Es erlaubt, über ein System oder Teilsystem zu sprechen, es einzuordnen, mit ihm zu arbeiten, ohne es in allen seinen Details zu kennen. Im Grunde leben wir alle in einer Welt von »schwarzen Kästen«.

Abb. 2: Informationsverarbeitendes System – ein „Schwarzer Kasten".
Dieses Bild entspricht dem Teil „Intelligente Verarbeitung des Eingangsvektors" aus Abb. 1

Schon der erste Schritt ist nicht selbstverständlich zu gehen, denn nicht jeder Informationskanal, der dem System zugänglich ist, ist dem Betrachter zugänglich. So kann etwa das System »Biene« Informationen aus dem Nachrichtenkanal »Ultraviolett« entnehmen, was dem Menschen zunächst versagt bleibt. Er muss zunächst erkennen, dass dieser Kanal überhaupt existiert, für das Verhalten der Biene relevant ist und dann Mittel anwenden, diesen Kanal für sich zugänglich zu machen. Man wird also nie sicher sein, dass die

Forderung vollständig erfüllt ist, denn es ist stets damit zu rechnen, dass wesentliche Informationen verborgen bleiben.

Aber auch dann, wenn die erste Forderung nur teilweise erfüllt ist, kann man sich an die zweite Aufgabe machen, den Zusammenhang zwischen Input und Output aufzuklären, also das Verhalten des Systems zu ermitteln. Das ist dann der langwierige Prozess des Messens und Beobachtens, des Erfassens und Sammelns von Daten und Fakten. Es kann nun begonnen werden zu ermitteln, welche Eingabeinformation oder Kombination von Eingabeinformationen welche Ausgabeinformation beeinflusst und wie diese Einflüsse beschrieben werden können.

Der dritte Schritt wäre zu ermitteln, wie die gefundenen Zusammenhänge hergestellt werden. Dazu müsste in das System eingedrungen werden, der „Schwarze Kasten" also geöffnet werden (Abbildung 3).

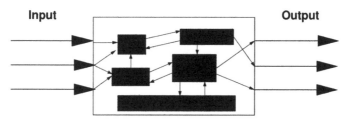

Abb. 3: Eine geöffnete „Black Box"

Man wird ein Netz von Teilsystemen entdecken, die ihrerseits „Schwarze Kästen" sind. Statt eines aufzuklärenden Gesamtsystems hat man es mit mehreren Subsystemen zu tun, die ihrerseits neue Rätsel aufgeben. Die Exploration ist damit ein rekursiver Prozess. Die Hoffnung ist nun, dass man irgendwann einmal auf einfache, vollkommen verstandene Bausteine stößt. Leider ist das in vielen Fällen eine vergebliche Hoffnung. Es mag sein, dass irgendwann einmal ein vorgegebenes natürliches System vollständig aufgeklärt werden kann, aber darauf warten sollte man nicht, wenn man möglichst bald eine technische Nachbildung entwickeln möchte.

Die Herausforderung besteht also darin, ein System nachzubilden, dass man (noch) nicht oder nur teilweise verstanden hat. Man muss also ein technisches System entwickeln, das *nur* das Verhalten des vorgegebenen Systems nachbildet. Das Verhalten kann ja durch die Analyse der Input- und Output-Daten ermittelt werden. Also wird nicht das vorgegebene System »nachgebaut«, sondern es wird mit bekannten technischen Mitteln ein neues technisches System entwickelt, das in seiner Funktionalität dem vorgegebenen System möglichst nahe kommt. Der Techniker fragt weniger danach, wie das vorgegebene System funktioniert, sondern eher danach, wie es sich verhält.

Systemanalyse I: Ein triviales Beispiel

Stellen Sie sich vor, Sie betreten ein Zimmer, im dem Sie nichts als eine Lampe und einen Schalter vorfinden (Abbildung 4).

Input   **Output**

Abb. 4: Eine Lampe mit einem Schalter

Intuitiv erwarten Sie, dass die Lampe mit Hilfe des Schalters ein- und ausgeschaltet werden kann. Aber ist es wirklich so? Die Drähte unter dem Putz können wir nur vermuten. So hell und farbig die Tapete des Zimmers auch sein mag, wir haben es mit einer „Black Box" zu tun.

Wir sehen eine Box mit einem Schalter auf der linken Seite und einer Lampe auf der rechten Seite. Es wird vorausgesetzt, dass die Box mit Energie versorgt ist. Allerdings spielen energetische Fragen hier keine Rolle. Der Schalter links ist oben, die Lampe leuchtet.

Wir legen den Schalter um. Wie erwartet, wird die Lampe dunkel (Abbildung 5).

Abb. 5: System mit umgelegtem Schalter

Wir können das Verhalten dieses Systems in der Tabelle 1 darstellen:

Tabelle 1: Erwartetes Verhalten des trivialen Systems

Schalterstellungen	Verhalten der Lampe
oben	hell
unten	dunkel

Die Frage ist nun: Ist dies das einzig mögliche Verhalten? Die Frage zu stellen heißt, sie schon zu beantworten: Nein, denn es gibt mindestens vier Möglichkeiten, wie sich das System nach Tabelle 2 verhalten kann.

Tabelle 2: Mögliche Verhaltensweisen des trivialen Systems

	Verhalten der Lampe			
	ein/aus	aus/ein (invers)	immer ein (trivial)	immer aus (trivial)
Schalterstellungen				
oben	hell	dunkel	hell	dunkel
unten	dunkel	hell	hell	dunkel

33

Heißt die Aufgabe also: »Bilden Sie dieses sehr einfache System nach!«, muss zunächst ermittelt werden, welche dieser vier Verhaltensmöglichkeiten vorliegt. Diese dann technisch zu realisieren, stellt keine Herausforderung mehr dar.

Es war die Rede von *mindestens* vier Möglichkeiten. Sollte es mehr geben? Nun, es könnte sein, dass sich im schwarzen Kasten (hinter der Tapete) etwas mehr befindet als ein wenig Draht. Es könnte sein, dass das System sein Verhalten über die Zeit verändert, dass etwa nach viermaliger Betätigung des Schalters aus dem Verhalten »ein/aus« das Verhalten »aus/ein« wird. Viele moderne Geräte etwa sind nicht mehr mit Schaltern ausgerüstet, sondern mit Tasten. Da kann es sein, dass über eine einzige Taste mehrere Systemfunktionen getriggert werden. Zum Beispiel wird eine moderne Fahrradlampe durch den ersten Tastendruck eingeschaltet. Der zweite Tastendruck macht aus dem Dauerlicht Blinklicht und durch den dritten Tastendruck wird die Lampe wieder ausgeschaltet. Das System verändert also seinen inneren Zustand. Damit beeinflusst die Vorgeschichte die Funktion des Systems. Man könnte es als »Gedächtnis« bezeichnen. Ein solches System wird technisch »Automat« genannt.

Da nun beliebig viele Zustandsänderungen denkbar sind, gibt es natürlich auch beliebig viele Verhaltensmöglichkeiten. Das erschwert die Exploration des Systems erheblich. In der Realität haben wir es zwar häufig mit solchen Systemen zu tun, aber im Interesse der Einfachheit wollen wir uns hier auf Systeme beschränken, die nicht als Automaten in diesem Sinne anzusehen sind. Es bleibt also bei den vier möglichen Verhaltensweisen.

Systemanalyse II: Ein wenig komplexer

Ein System, das lediglich einen Schalter und eine Lampe miteinander verknüpft, ist aus Sicht der KI natürlich uninteressant. Tatsächlich werden wir es mit komplexeren Systemen zu tun haben. Eine höhere Komplexität wird zum Beispiel dadurch erreicht, dass ein weiterer Eingang als zweiter Schalter angenommen wird wie in Abbildung 6. Diese Situation haben wir, wenn wir in ein Zimmer treten, in dem sich zwei Schalter und eine Lampe befinden. Wie viele Verhaltensmöglichkeiten liegen hier vor? Es sind 16 Möglichkeiten. Davon sind sechs trivial (beide Schalter sind unwirksam) oder uninteressant (nur einer der beiden Schalter ist wirksam).

Input   **Output**

Abb. 6: Ein System mit zwei Schaltern

Die verbleibenden Möglichkeiten sind die folgenden (die Schalter werden als a und b bezeichnet):
Lampe leuchtet, wenn

- sowohl a als auch b oben ist (Logisches Und – $a \wedge b$),
- mindestens a oder b oben ist (Logisches Oder – $a \vee b$),
- kein Schalter oben ist (Weder ... noch – $\neg(a \vee b)$) ,
- höchstens ein Schalter oben ist ($\neg(a \wedge b)$),
- beide Schalter die gleiche Stellung haben (Äquivalenz $a \equiv b$),
- beide Schalter unterschiedliche Stellung haben (Antivalenz $\neg(a \equiv b)$),
- wenn a oben ist, dann auch b (Implikation $a \Rightarrow b$ bzw. $\neg a \vee b$),
- wenn b oben ist, dann auch a (Implikation $b \Rightarrow a$ bzw. $\neg b \vee a$),
- wenn b oben ist, aber a nicht ($\neg a \wedge b$) und
- wenn a oben ist, aber b nicht ($a \wedge \neg b$).

(Äquivalenz und Antivalenz, entsprechen dem, was im täglichen Leben »Wechselschalter« heißt.)

Allgemein gilt für die Anzahl m der Verhaltensmöglichkeiten bei n binären Eingängen und einem binären Ausgang: $m(n) = 2^{o(n)}$ mit $o(n)=2^n$. Ein System mit 3 binären Eingängen und einem binären Ausgang hat demnach schon 256 Verhaltensmöglichkeiten. Bereits 8 Eingänge erhöhen diese wegen $2^8=256$ auf 2^{256}, einer etwa 80-stelligen Zahl im Dezimalsystem, die jenseits aller Vorstellung liegt. In der realen Welt haben wir es aber nicht nur mit binären Signalen zu tun, sondern in den meisten Fällen sind es mehrwertige oder sogar stetige Signale, wodurch die mögliche Vielfalt weiter gesteigert wird.

Wir müssen, wenn wir ein unbekanntes System analysieren – also sein Verhalten bestimmen wollen –, seine Reaktion auf die unterschiedlichen Eingangskombinationen erfassen. Im Falle unseres Systems aus zwei Schaltern müssen also nur die vier möglichen Schalterstellungen untersucht werden, um damit die Funktion des Systems zu erfassen. Im Falle des Systems mit den acht Eingängen, sind es dann aber auch schon 256 Stellungen. Tatsächlich haben wir es jedoch mit Systemen zu tun, die eine so große Anzahl von Eingängen zu verarbeiten haben, dass wir unmöglich alle damit möglichen Eingangskombinationen erfassen können.

Repräsentation durch Vektoren

Kommen wir noch einmal auf das System mit den zwei Schaltern zurück. Man kann den Zusammenhang zwischen den Schaltern und der Lampe zweidimensional darstellen (Abbildung 7). Die Stellung des Schalters 1 (S_1=a) wird in der horizontalen Koordinate dargestellt und die Stellung des Schalters 2 (S_2=b) in der Vertikalen. Die beiden möglichen Stellungen der Schalter werden mit den Werten 0 und 1 bezeichnet. Die vier möglichen Schalterstellungen des gesamten Systems beschreiben die vier durch die Kreise gekennzeichneten Punkte. Sie bilden die Ecken eines Quadrates. Punkte in der Ebene werden durch ihre beiden Koordinaten bestimmt. Hier sind es also die Punkte $\begin{pmatrix}0\\0\end{pmatrix}, \begin{pmatrix}0\\1\end{pmatrix}, \begin{pmatrix}1\\0\end{pmatrix}, \begin{pmatrix}1\\1\end{pmatrix}$. Diese Beschreibung eines Punktes wird Vektor genannt. In diesem Zusammenhang ist ein Vektor die Zusammenfassung mehrerer Größen, wobei jede Messgröße ihre feste Position im Vektor hat.

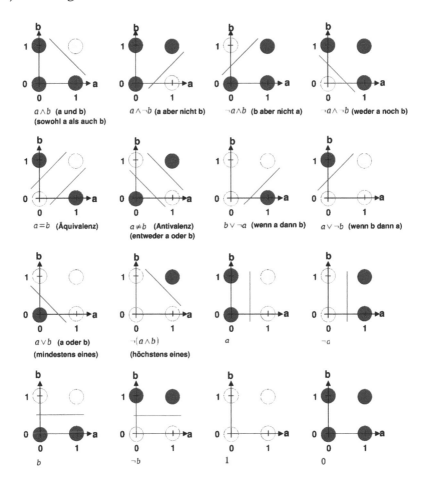

Abb. 7: Zweidimensionale Darstellung logischer Funktionen
(Gelb: Lampe leuchtet – Blau: Lampe ist dunkel)
Die roten Geraden trennen die aktiven Ausgänge von den inaktiven.
Nur in zwei Fällen (Äquivalenz und Antivalenz) sind dazu zwei
Geraden erforderlich. Sie sind nicht linear trennbar.

Die Ausgabewerte des Systems – im Beispiel die Lampe – werden durch die Farben der Kreise (gelb für »hell« und blau für »dunkel«) gekennzeichnet. Wenn das System mehrere Ausgangsgrößen hat, werden diese auch als Vektor dargestellt.

Wenn wir nun einen dritten Schalter einführen, führen wir damit eine dritte Dimension ein. Die acht möglichen Stellungen der Schalter bilden dann die Ecken eines Würfels ab:

$$\begin{pmatrix}0\\0\\0\end{pmatrix}, \begin{pmatrix}0\\0\\1\end{pmatrix}, \begin{pmatrix}0\\1\\0\end{pmatrix}, \begin{pmatrix}0\\1\\1\end{pmatrix}, \begin{pmatrix}1\\0\\0\end{pmatrix}, \begin{pmatrix}1\\0\\1\end{pmatrix}, \begin{pmatrix}1\\1\\0\end{pmatrix}, \begin{pmatrix}1\\1\\1\end{pmatrix}$$

Das kann man sich noch leicht vorstellen. Jede weitere Eingangsgröße führt aber zu einer neuen Dimension. Damit verlassen wir die Anschaulichkeit. Glücklicherweise stellt die Mathematik das nötige Handwerkszeug zur Verfügung, um auch mit hochdimensionalen Vektoren wie mit einfachen Größen zu rechnen.

So wie die Eingabegrößen lassen sich nun auch die Ausgabegrößen eines Systems als Vektor darstellen. Das System soll also einen Vektor auf einen anderen Vektor abbilden, also eine Funktion $\bar{y}=\bar{f}(\bar{x})$ realisieren, die dem Verhalten des nachzubildenden Systems möglichst nahe kommt. (Die Striche über den Zeichen zeigen an, dass es sich um Vektoren handelt.)

Lernfähige Systeme

Die bisherigen Beispiele sind noch recht trivial, aber es ist schon deutlich, dass schon geringfügig komplexere System sich nicht so einfach auf eine solche Funktion abbilden lassen: Es ist praktisch nicht möglich, alle möglichen Eingangskombinationen zu untersuchen. Wir kommen also nicht umhin, unsere Untersuchungen auf einen geringen Teil aller Eingangskombinationen zu beschränken und daraus das Verhalten des Systems für die übrigen Kombinationen abzuschätzen.

Hinzu kommt noch die Tatsache, dass wir es nicht nur mit binären Informationskanälen, sondern mit vielwertigen Signalen zu tun haben. Das können sowohl skalare (»analoge«) Messwerte sein als auch symbolische Informationen (Zeichen oder Worte). Die Varianzmöglichkeiten am Systemeingang sind unter diesen Umständen praktisch nicht beherrschbar, quasi unendlich. Man muss sich mit einer endlichen Untermenge an Beobachtungen, einer Stichprobe, begnügen.

Eine Stichprobe ist eine Menge von Paaren von Eingangsvektoren und den dazu gehörigen Ausgangsvektoren, die durch die Untersuchungen am nachzubildenden System gewonnen wurden. In der allgemeinen Diskussion tauchen diese Stichproben allgemein als »Daten« auf. Was relevante Daten sind und wie sie zweckmäßigerweise repräsentiert werden, hängt vom konkreten Anwendungsfall ab und muss in Zusammenarbeit mit den jeweiligen Fachleuten geklärt werden. Begründen kann man dieses Vorgehen mit der Annahme, dass kleine Veränderungen des Eingangsvektors auch nur kleine Änderungen am Ausgangsvektor bewirken.

Lösungsansatz I: Lineare Regression

Wir stehen nun vor der Aufgabe, ein System nachzubilden, das wir nicht nur nicht verstanden haben, sondern dessen Verhalten wir auch nicht vollständig aufklären konnten. Der Ansatz ist nun, Formeln oder ein Formelsystem zu definieren und zu überprüfen, ob damit die vorliegenden Beobachtungen erklärt werden können. Ein solches Formelsystem wird als Modell bezeichnet. Aus dem Modell lassen sich Voraussagen für bisher nicht durchgeführte Beobachtungen oder Experimente ableiten, mit denen es gestützt, falsifiziert oder variiert werden kann. In unserem Zusammenhang ist die Variation die interessanteste. Dazu muss das Modell veränderbar sein. Das erreicht man am leichtesten durch Parametrisierung.

Das Modell bildet nicht einfach den Eingangsvektor starr auf den Ausgangsvektor ab, sondern die Abbildung hängt von vorgegebenen Parametern ab. Es handelt sich also nicht um eine einzelne Funktion, sondern um eine Menge gleichartiger Funktionen, eine

Funktionenklasse. (Ein einfaches Beispiel für eine Funktionenklasse ist die aus der allgemeinen Gleichung der Geraden in der xy–Ebene $a_0 + a_1 x + a_2 y = 0$ hergeleitete Funktion

$$y = f(x) = mx + b \quad \text{mit} \quad m = -\left(\frac{a_1}{a_2}\right) \quad und \quad b = -\left(\frac{a_0}{a_2}\right).$$

Darin sind m und b die Parameter. Jede Gerade [außer den Senkrechten] kann durch die Wahl der Parameter beschrieben werden.)

Ein Beispiel: Wir nehmen an, die einzelnen Werte des Ausgangsvektors werden durch gewichtete Summen aus den Werten des Eingangsvektors berechnet: Die Parameter bilden eine Matrix P. Der Ausgangsvektor $\bar{s}$ wird durch die Multiplikation dieser Matrix mit dem Eingangsvektor $\bar{i}$, also $\bar{s} = P^T \bar{i}$ berechnet. Funktionen, die ihre Ausgabegrößen als mit festen Parametern gewichtete Summen der Eingabegrößen bestimmen, werden als lineare Funktionen bezeichnet. Wir haben es mit einem linearen Systemmodell zu tun.

In manchen Fällen ist ein lineares Modell für die Beschreibung der Input-Output–Beziehungen ausreichend. Oft aber reicht der lineare Ansatz nicht aus, um die komplizierte Struktur eines Systems hinreichend genau zu modellieren. Es müssen nichtlineare Ansätze gesucht werden. Dadurch können Beziehungen zwischen den Eingangsgrößen erfasst werden, die bei der linearen Betrachtung verborgen bleiben.

Lösungsansatz 2: Das Perzeptron

Rosenblatt hat 1957 zur Modellierung nichtlinearer Zusammenhänge das Perzeptron vorgeschlagen. Es stellt ein Netzwerk von linearen Schwellwertelementen (LSWE) dar (Abbildung 8). Ein LSWE bildet die gewichtete Summe mehrerer Eingänge und vergleicht das Ergebnis mit einem festen Schwellwert. Wird dieser überschritten, wird das Ergebnis 1 ausgegeben, anderenfalls 0. Angeregt wurde diese Idee durch die seinerzeit gewonnenen Erkenntnisse über die Struktur der menschlichen Nervenzellen. Aus diesem Grund wird auch von »künstlichen Neuronen« gesprochen und die daraus gebildeten Netzwerke als »Künstliche Neuronale Netze« bezeichnet.

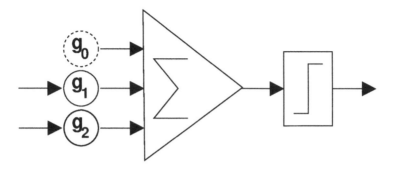

Abb. 8: Ein lineares Schwellwertelement (LSWE)

Natürlich stellt eine echte Nervenzelle (Abbildung 9) ein wesentlich komplexeres System dar. Die Analogie besteht darin, dass die an den Synapsen eintreffenden Eingangssignale bei hinreichender Stärke und Dauer zu einer Aktivierung der Zelle führen, die als Ausgangssignal über die Axone an andere Nervenzellen weitergeleitet wird. Ein LSWE ist ein stark vereinfachtes Modell davon. Ein wesentlicher Unterschied besteht in seiner statischen Struktur. Dynamische Denkvorgänge sind damit nicht möglich.[3]

---

[3] Die populäre Bezeichnung »Neuronales Netz« ist also mit Vorbehalt anzusehen. Sie klingt nur etwas schmissiger. Was wird nicht alles im Kampf um Forschungsmittel und Aufmerksamkeit erzählt? Das nur am Rande.

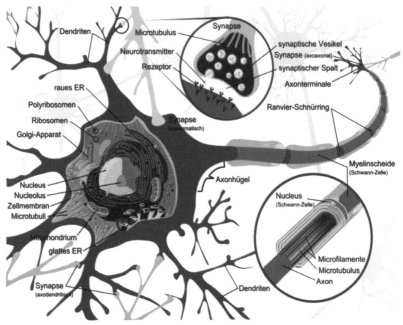

Abb. 9: Eine Nervenzelle – eine ausführliche Beschreibung ist unter https://de.wikipedia.org/wiki/Nervenzelle zu finden.[4]

Die Eingangssignale werden gewichtet und summiert. Je nachdem, ob die Summe einen Schwellwert überschreitet oder nicht, wird der Wert »aktiv« oder »inaktiv« ausgegeben. Es ist eine Frage der Anwendung, wie diese Werte interpretiert werden, und der technischen Realisierung, welche Zahlenwerte sie annehmen können. Im Folgenden wird angenommen, dass »aktiv« dem Wert 1 entspricht und »inaktiv« dem Wert 0 bei einem Schwellwert von g_0 (Absolutglied):

$$\sum_{j=1}^{n} i_j g_j = \begin{cases} >= g_0 & = 1 \\ < \ g_0 & = 0. \end{cases}$$

---

[4] Quelle:
https://upload.wikimedia.org/wikipedia/commons/d/d6/Complete_neuron_cell_diagram_de.svg

Es lässt sich zeigen, dass bis auf die beiden Ausnahmen Äquivalenz und Antivalenz, die nicht linear trennbar sind (siehe Abbildung 7), die oben erwähnten 16 möglichen Verknüpfungen zweier logischer Größen durch ein solches Schaltelement realisiert werden können. Die unterschiedlichen Funktionen werden durch unterschiedliche Gewichte realisiert. Durch Kaskadierung mehrerer LSWE lassen sich aber auch die noch fehlenden realisieren.

Durch die Wahl der Anzahl der LSWE, der Tiefe der Kaskadierung und der Verknüpfungen können beliebig komplexe Funktionsklassen bestimmt werden, aus denen sich durch die Belegung der Gewichte an den Eingängen der LSWE unterschiedlichste Funktionen ergeben können. Eine Grenze ist allerdings durch die Anzahl der freien Parameter, also der Gewichte an den Eingängen der Summierglieder, gegeben (dazu weiter unten).

Fuzzy–Logik

In der bisher vorgestellten Form geben die Schwellwertelemente nur die Werte 0 oder 1 aus. Tatsächlich haben wir es in der Realität nicht nur mit binären Daten, sondern mit skalaren Maßzahlen zu tun. Die Kaskadierung linearer Elemente ergibt aber wieder nur eine lineare Funktion. Die Nichtlinearität der Schwellwertfunktion ermöglicht dagegen, die einzelnen Elemente zu komplexeren Funktionen zusammenzuschalten. Sie ist also nicht verzichtbar. Der Kompromiss besteht darin, die Schwellwerte »aufzuweichen«. Kandidat für einen »weichen« Schwellwert ist etwa die Sigmoidfunktion

$$\sigma(x) \;=\; \frac{e^{x}}{1+e^{x}}.$$

Sie hat die Eigenschaft, dass ihre Ableitung leicht berechnet werden kann, was bei ihrer Anwendung hilfreich ist, denn es gilt (Abbildung 10):

$$\frac{\partial \sigma}{\partial x} = \sigma(x)(1-\sigma(x))$$

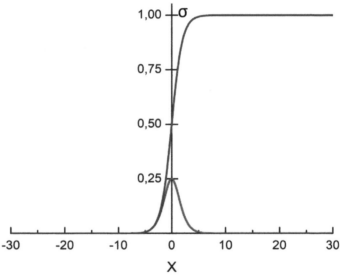

Abb. 10: Verlauf der Sigmoidfunktion (blau) und ihrer Ableitung (rot)

Die strenge Logik des ursprünglichen Systems weicht damit einer unscharfen Logik (englisch »fuzzy logic«). Das ist keineswegs als Nachteil anzusehen. Vielmehr werden dadurch die Möglichkeiten der Modellierung durch das Perzeptron hochgradig erweitert (Abbildung 11).

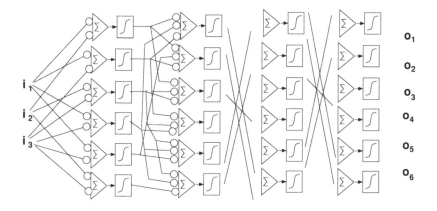

Abb. 11: Ein Perzeptron mit vier Schichten. Die Kreise an den Eingängen deuten die jeweilige Gewichtung an. Die Verknüpfungen der letzten Schichten sind nur angedeutet. Es wird ein dreidimensionaler Eingangsvektor auf einen sechsdimensionalen Ausgangsvektor abgebildet

Ein lernfähiges System

Erinnern wir uns: Das Ziel ist, das Verhalten eines Systems nachzubilden, das wir nur teilweise aufgeklärt haben. »Teilweise« bedeutet aber auch, dass wir doch einiges über das System wissen. Dieses Wissen können wir nutzen, um eine vernünftige Abbildung der Systemeingänge und -ausgänge auf Vektoren zu definieren (Vorverarbeitung und Nachbearbeitung – siehe Abbildung 1 oben), und wir können eine Funktionenklasse definieren, innerhalb derer die Lösung unserer Aufgabe zu erwarten ist. Diese Lösung müssen wir aber nicht selbst finden. Dies ist die Aufgabe eines lernfähigen Systems.

Wie oben beschrieben, haben wir das Verhalten des nachzubildenden Systems beobachtet und die Beobachtungen in einer Stichprobe zusammengefasst. Die Stichprobe besteht aus einer Anzahl von Vektorpaaren, aus Input-Vektor und dem dazugehörigen Ausgangsvektor, dem Soll-Vektor (Abbildung 12).

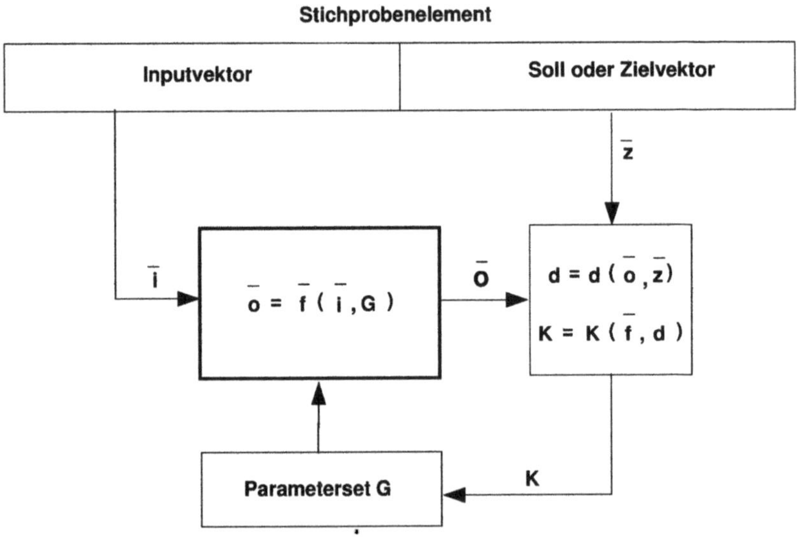

Stichprobenelement

Inputvektor	Soll oder Zielvektor

$$\bar{z}$$

$$\bar{i} \qquad \bar{o} = \bar{f}\,(\,\bar{i}\,,G\,) \qquad \bar{o} \qquad d = d\,(\,\bar{o}\,,\bar{z}\,)$$
$$K = K\,(\,\bar{f}\,,d\,)$$

Parameterset G $\qquad K$

Abb. 12: Prinzipieller Aufbau eines lernfähigen Systems

Die Input-Vektoren $\bar{i}$ werden nacheinander dem Modell (im Bild hervorgehoben) $\bar{o}=\bar{f}(\bar{i},G)$ vorgeführt und das Ergebnis mit dem Soll- oder Zielvektor $\bar{z}$ verglichen. Der Vergleich erfolgt durch eine Diskriminanzfunktion $d=d(\bar{o},\bar{z})$. Sie ist so definiert, dass sie den Wert 0 bei Übereinstimmung der beiden Vektoren hat und und umso größer ist, je größer deren Abweichung voneinander ist. Das erreicht man etwa durch die sogenannte quadratische Abweichung:

$$d(\bar{o},\bar{z})=\sum_i \left(o_i-z_i\right)^2$$

Aus der Kenntnis der Funktion $\bar{f}$ unseres Modells und dem Ergebnis d des Vergleiches kann durch die Korrekturfunktion $K=K(\bar{f},d)$ bestimmt werden, wie der Parametersatz G unseres Modells verändert werden muss, um das Ergebnis zu verbessern. Durch mehrmalige Vorführung der Stichprobe wird das Modell

46

nach und nach so weit an diese angenähert, bis keine Verbesserung mehr eintritt. Sollte das System dann den Ansprüchen noch nicht genügen, ist das verwendete Modell unzureichend, es muss erweitert oder ganz verändert werden. Eine ausführliche Beschreibung dieses Lernvorgangs befindet sich im Anhang.

Entwurfsschritte (Zusammenfassung)

Um ein KI–System zu entwickeln, sind also die folgenden Arbeitsschritte erforderlich:

1. *Festlegung der konkreten Aufgabenstellung.* Die Aufgabenstellung muss eine klare Definition dessen enthalten, was mit dem zu entwickelnden System erreicht werden soll. Damit wird definiert, welche Funktionen des natürlichen Systems nachzubilden sind.

2. *Analyse des nachzubildenden Systems.* Soweit wie möglich ist das nachzubildende System aufzuklären. Alle gesicherten Erkenntnisse über das System müssen in den Entwurfsprozess eingehen.

3. Unabhängig von der Analyse muss das *Verhalten des Systems* ermittelt werden. Dies erfolgt durch systematische Erfassung einer Stichprobe, also einer Menge von Input-Output–Paaren (Eingabemesswert – Sollausgang). Die systematische Auswertung solcher Stichproben kann zur weiteren Analyse beitragen.

4. *Bestimmung eines Modells,* also einer mathematischen Struktur, die die gesicherten Ergebnisse der Analyse wiedergibt und durch Parametrisierung die Anpassung an das nicht analysierbare, durch die Stichprobe repräsentierte Verhalten des Systems ermöglicht. (Das oben beschriebene Perzeptron ist eine zwar oft angewendete, aber nicht die einzige Möglichkeit, ein Modell zu formulieren.)

5. Es ist eine *Vorverarbeitung* zu entwerfen, die die konkrete Eingabeinformation so aufbereitet, dass sie dem ausgewählten

Modell zugeführt werden kann. Auch hier geht möglichst viel Fachwissen ein. (Beispiel: Umwandlung zyklischer Messwerte wie Winkel, Richtungen, Jahres- und Tageszeiten in skalare Größen durch Winkelfunktionen).

6. Es ist eine *Nachbearbeitung* zu entwerfen, die die zu erwartende Ausgabe des Modells in eine praktisch verwertbare Form bringt, insbesondere einen Vergleich mit den Sollwerten ermöglicht.

7. Durch ein geeignetes, auf das Modell abgestimmtes Lernverfahren sind die freien Parameter des Modells zu *optimieren*.

Diskussion

Die prinzipiellen Methoden der KI sind schon seit Jahrzehnten bekannt. Die zugrunde liegende Mathematik ist relativ einfach. Die Forschungen beschäftigen sich im Wesentlichen mit Verfeinerungen und der Erschließung von neuen Methoden und Anwendungsbereichen. Es werden dabei nicht nur die hier beschriebenen Neuronalen Netzwerke angewendet. In der Spracherkennung und der Erkennung zusammenhängender Handschriften werden etwa Hidden-Markov-Modelle eingesetzt. Bei der Wetterprognose werden zellulare Modelle und komplexe Differentialgleichungssysteme optimiert. Im Bereich von intelligenten Informationssystemen finden Methoden des logikbasierten automatischen Schlussfolgerns Verwendung.

Trotzdem spielte außerhalb von Forschung und Science Fiction das Thema lange keine bedeutende Rolle in der öffentlichen Diskussion. Das ist anders geworden. Durch die rasante Steigerung der Leistungsfähigkeit moderner Rechner können Anwendungsbereiche ökonomisch vertretbar erschlossen werden, die noch vor zwanzig Jahren unerreichbar schienen. Inzwischen haben Ergebnisse von KI-Anwendungen Einfluss auf unterschiedliche Lebensbereiche. Was spezielle Aufgabenstellungen betrifft, haben – beflügelt durch die Verbreitung moderner Endgeräte wie Smartphones – zahlreiche Entwicklungen aus dem KI-Bereich längst Eingang in unsere Alltagswelt gefunden, von Navigationssystemen über Sprachsteuerung bis hin zu automatischer Übersetzung. Andere Neuerungen werden aktiv erprobt: Gesichtserkennung, Zusammenfassung von Texten, autonomes Fahren. Dabei liegt auf der Hand, dass die Einführung solcher „disruptiver Technologien" zu einer Neuordnung nicht nur der Produktlandschaft sondern auch des Arbeitsmarktes führen wird. Gerade im Elektronik-, Telekommunikations- und IT-Sektor sind solch massive Umbrüche aber nicht ungewöhnlich: Digitalkameras haben zum Leidwesen von Kodak Filme und Entwicklungslabore überflüssig gemacht, Smartphones dem Blackberry den Rang abgelaufen und moderne CAD–Programme den Beruf des technischen Zeichners weitgehend verschwinden lassen.

Im Folgenden wollen wir einige Aspekte der öffentlichen Debatte aufgreifen und kurz kommentieren.

Algorithmen

Oft hört oder liest man, dass KI bedeutet, Algorithmen bestimmen unser Leben. Algorithmen werden personalisiert. Sie erscheinen als geheimnisvolle, gefährliche, fast dämonische Mächte. Tatsächlich ist ein Algorithmus nichts weiter als eine Vorschrift, wie mit Hilfe einfacher Rechenschritte eine komplexere Rechenaufgabe gelöst werden kann. Der Begriff wurde von dem Namen des persischen Rechenmeisters al–Chwarizmi abgeleitet. Schon in der Schule erlernen wir einfache Algorithmen, wenn wir etwa lernen, große Zahlen zu addieren und darauf aufbauend mit Hilfe des einfachen Einmaleins große Zahlen zu multiplizieren. Einfache Algorithmen sind dann wieder Bausteine komplizierterer Algorithmen. So komplex und unanschaulich ein Algorithmus aber auch sein mag, er bleibt immer nur eine statische Vorschrift ohne irgendein Eigenleben. Das gilt auch dann, wenn mit ihm dynamische, stochastische oder chaotische Systeme behandelt werden.

Das oben beschriebene Mehrlagenperzeptron ist ein solcher Algorithmus. Es beschreibt lediglich, wie die Eingangswerte mit den Gewichtsparametern zu Ausgangswerten verknüpft werden. Ohne diese Parameter ist es eine leere Hülle. Andererseits sind diese meist als Matrizen organisierten Parameter ohne den zugehörigen Algorithmus ebenso bedeutungslos.

Daten

Hier stoßen wir auf echte Probleme. Um in Anwendungen des maschinellen Lernens den lernfähigen Kern einer KI-Anwendung zu optimieren, wird eine große Stichprobe benötigt. Wie oben dargestellt, wird die Leistungsfähigkeit eines Mehrlagenperzeptrons durch die Anzahl der enthaltenen Schwellwertelemente und damit die Anzahl der freien Parameter bestimmt. Um eine zuverlässige Optimierung zu erreichen, muss die Stichprobe wesentlich mehr Elemente umfassen, als freie Parameter vorhanden sind. In der Praxis geht man von einem Mindestfaktor drei aus. Ein leistungsfähiges Perzeptron kann je nach Aufgabenstellung durchaus einige zehn- bis hunderttausend freie Parameter haben. Die Anzahl ist nach oben offen. Es werden also umfangreiche Stichprobenmengen benötigt. Das erklärt den großen „Datenhunger" aller Akteure, die Methoden des maschinellen Lernens praktisch einsetzen möchten.

Das nächste Problem ist der Aufbau der Stichproben. Der Lernprozess soll ja die in der Stichprobe enthaltenen verborgenen Informationen extrahieren und die inhärenten Zusammenhänge auf die Modellparameter abbilden. Wenn der Stichprobe fehlerhafte Voraussetzungen zugrunde liegen, dann werden die sich als entsprechendes Fehlverhalten im optimierten System wiederfinden.

Ein Beispiel: Eine Bank möchte die Vergabe eines Kredits davon abhängig machen, dass das Ausfallrisiko so gering wie möglich ist. Das ist zunächst ein legitimes Ansinnen. Sie will dazu ein KI-System einsetzen, das verschiedene Parameter über den Zweck des Kredits, über die aktuelle Wirtschaftslage, über den potenziellen Kreditnehmer usw. in einen Wert umsetzt, der das Ausfallrisiko widerspiegelt.

Die Stichprobe könnte nun aus Kreditanfragen der Vergangenheit aufgebaut werden. Ein Fehler wäre es nun, zu meinen, das System solle möglichst so entscheiden, wie man immer entschieden hat. Man gibt als Sollwert jeder Kreditanfrage die damalige Vergabeentscheidung mit. Die Folge ist, dass das neue KI–System alle Vorurteile, die den früheren Entscheidungen zugrunde lagen, übernimmt. Ein besserer Ansatz wäre es, die alten Kreditanfragen mit der tatsächlichen Bedienung des Kredits zu kombinieren. Dann hat das Lernsystem die Chance, die tatsächlichen Zusammenhänge zwischen Eingangsparametern und Kreditrückzahlung zu ermitteln.

Die Stichproben sollten also ein möglichst objektives Abbild des vorgegebenen Prozesses sein. Bei vielen Prozessen ist das problemlos möglich. Man könnte etwa die Stichprobe von Wetterprognosen so aufbauen, das man die Wetterdaten zu einem bestimmten Zeitpunkt als Eingangsdaten und die entsprechenden Wetterdaten des Folgetages als Solldaten aufnimmt. Beide werden von denselben Messstationen aufgenommen. In anderen Fällen, etwa bei Klassifikationsaufgaben, müssen aber die Sollwerte durch Menschen bereitgestellt werden, was sowohl aufwendig als auch fehlerträchtig ist.

Wenn es sich um personenbezogene Daten handelt, ist natürlich auch der Datenschutz zu beachten. Dieser ist jedoch ein Problembereich, der über die KI hinaus geht und hier nicht weiter erörtert werden soll.

Motivation

KI–Entwickler sind Menschen wie alle anderen. Jeder einzelne wird einen Strauß von Motiven mit sich herumtragen. Manche folgen einfach dem normalen menschlichen Antrieb, Lösungen für Probleme zu finden. Andere sind nur am ökonomischen Vorteil interessiert. Das dürfte in anderen Wissenschaften nicht anders sein.

KI selbst jedoch ist kein Subjekt, das eine Vision hat. KI ist eine Methode. Wer aber ein konkretes System mit dieser Methode entwirft, entwickelt und einsetzt, wird damit die Erwartung verbinden, dass es besser ist als eines, das ganz auf den fehlbaren Menschen setzt.

Verantwortlichkeit

Ganz entscheidend ist die Frage: Wie geht man mit den von einem KI–System errechneten Ausgaben um? Wir benutzen bewusst das Wort »errechnen«. Die populäre Formulierung vom »maschinellen Denken« führt in die Irre. KI löst lediglich eine, wenn auch sehr komplexe Rechenaufgabe. Was mit den Ergebnissen geschieht, muss immer, zumindest mittelbarer Kontrolle und Verantwortlichkeit von Menschen unterliegen.

Einem Lernsystem ist es gleich, mit welchen Daten es trainiert wird. Es kennt den Unterschied zwischen gut und böse nicht. Sehr wohl aber die Menschen, die seinen Einsatz definieren. Zumindest sollten sie dazu in der Lage sein. Die ethische Herausforderung beginnt schon bei der Definition des Lernziels. Ethische Vorstellungen lassen sich nicht »programmieren«, sie müssen schon in der Aufgabenstellung wie auch in der späteren Anwendung berücksichtigt werden.

Letztlich bleibt KI ein Werkzeug, für dessen Auswirkung der jeweilige Anwender verantwortlich ist. Andererseits muss auch für die Entwicklung eines solchen Systems ein rechtlicher Rahmen geschaffen werden. Es sollte gefordert werden, dass der Anwender in die Lage versetzt wird, seiner Verantwortung nachzukommen. So etwa, wie Autoherstellern Vorgaben gemacht werden, die es dem Benutzer leichter machen, sicher zu fahren.

Wenn direkte Entscheidungen über einen Menschen (Einstellungsentscheidungen, Kreditvergaben usw.) an ein KI–System übertragen werden, darf die Verantwortung für die Entscheidung nicht an das KI–System abgegeben werden. Natürlich kann die jeweils entscheidende Instanz KI zu Rate ziehen, behält aber dennoch die volle Verantwortlichkeit. Niemand sollte sich hinter der Technik verstecken dürfen.

Zweckbestimmung

KI ist ein mächtiges Werkzeug. Wie jedes Werkzeug kann sie helfen, das Leben zu erleichtern und reale Probleme zu lösen. Leider aber kann sie wie jedes Werkzeug zum Schaden missbraucht werden. Es wäre naiv anzunehmen, dass sie nicht auch in tödlichen Waffensystemen genutzt wird. Das ist aber ein politisches Problem, das immer wieder politisch angegangen werden muss. So wie versucht wird, Atom- und Raketenwaffen einzuschränken, müssen auch für solche Kriegstechniken Vereinbarungen getroffen werden. Das Erziehungsziel »Allgemeine Friedfertigkeit« wäre zwar anstrebenswert, aber doch weit entfernt.

Um ein anderes Reizthema anzusprechen: Eine mögliches Anwendungsgebiet der KI wird im Pflegebereich gesehen. Es dürfte einleuchten, dass der Einsatz eines Roboters, etwa um einen übergewichtigen Patienten vom Bett auf einen Wagen zu heben, auch für den Patienten eine Erleichterung sein kann. Wenn der Roboter zweckentsprechend gebaut ist, wird er diese Arbeit sicher sanfter erledigen können, als eine überlastete Pflegekraft. Überdies wird der Patient auch von Schuldgefühlen gegenüber den Menschen entlastet, die er aufgrund seiner Abhängigkeit entwickeln könnte.

Die damit frei werdenden Kapazitäten sollten dann aber auch zu einer Verbesserung der sozialen Kommunikation genutzt und nicht ökonomischen Interessen oder Bequemlichkeiten geopfert werden.

In der Einleitung wurde von Ängsten vor der KI gesprochen, die gern in gedankenloser oder gar unverantwortlicher Weise bestärkt werden. Wenn Ängste, oder besser gesagt: Befürchtungen, berechtigt sind, dann also nicht vor der Methode der künstlichen Intelligenz, sondern vor deren Gebrauch durch den Menschen.

Maschinenethik

Falls darunter verstanden werden sollte, dass ein technisches System eine ethisch begründete Entscheidung treffen sollte, man das gar in das System »einprogrammieren« könne oder solle, so können wir nur widersprechen.

Nehmen wir das Beispiel autonomes Fahren. Das steuernde System sollte nicht einfach darauf optimiert sein, möglichst schnell und für den Fahrgast möglichst sicher ans Ziel zu kommen, sondern es müssen natürlich auch die Sicherheit anderer Verkehrsteilnehmer oder Umweltfragen in die Bewertung eingehen. Es geistern aber Vorstellungen herum wie die, dass das autonome Fahrzeug im Konfliktfall entscheidet, ob es lieber das kleine Kind oder den Greis anfährt. Das ist kaum als sinnvoll anzusehen. Zum einen bedeutet das, einem technischen System eine Entscheidung aufzubürden, die man auch einem Menschen nicht zumuten wird, denn welcher Mensch ist in einer solchen Situation überhaupt zu derartigen Überlegungen fähig? Vielmehr, man darf sie ihm nicht zumuten, denn niemand ist berechtigt, über Leben und Tod eines anderen Menschen zu entscheiden. Wichtiger ist darauf zu zielen, dass das Fahrzeug insgesamt sicher ist, sicherer als ein vom Menschen geführtes, dass also die Wahrscheinlichkeit, in eine solche Konfliktsituation zu kommen, reduziert wird und weder Greis noch Kind zu Schaden kommen. Unethisch wäre es also, wenn die zuständige Behörde ein Fahrzeug zum allgemeinen Verkehr zuließe, das diesen Anforderungen nicht genügt. Es sind aber wiederum Menschen, die darüber zu entscheiden haben.

Gesellschaftlicher Diskurs

Die breite Anwendung von Methoden der Künstlichen Intelligenz ist eine Tatsache. Sie wird immer neue Sachgebiete erreichen. Es ist deutlich, dass damit verschiedene Interessen berührt werden, die in einem gesellschaftlichen Diskurs ausgehandelt werden müssen. Es stellt sich beispielsweise die Frage, wie Menschen, deren bisherige Arbeit von einem KI–System übernommen wird, weiter im gesellschaftlichen Leben verankert bleiben können. Es reicht dabei sicher nicht, nur ihre Grundversorgung, so hoch sie auch sei, zu garantieren. Es müssen Lebensinhalte entwickelt werden, die auch gesellschaftlich nachgefragt sind.

Dieser Diskurs muss auf streng sachlicher Ebene geführt werden und möglichst alle Aspekte der Problematik beinhalten. Das setzt aber voraus, dass alle Beteiligten fähig und bereit sind, Argumente aus verschiedenen Denkbereichen aufzunehmen. Wie vom Ingenieur erwartet werden muss, dass er die ethischen Konsequenzen der Technik sieht und beachtet, sollte auch von den Geisteswissenschaften die Bereitschaft abgefordert werden, die technischen Gegebenheiten zumindest im Ansatz zu verstehen.

Es ist nicht zu erwarten, dass der Diskurs jemals abgeschlossen sein wird. Er muss stets und ständig von jeder und jedem geführt werden, also nicht allein von Technik- und Ethikspezialisten oder Politikern. Voraussetzung dafür ist wiederum ein Bildungssystem, das nicht allein Fähigkeiten vermittelt, sondern auch Mut und Bereitschaft zur Nachdenklichkeit.

Epilog

Zumeist bringt wissenschaftlicher und technischer Fortschritt Veränderungen mit sich, welche Menschen von gefährlichen, anstrengenden, umständlichen oder schlicht stupiden Tätigkeiten entlasten, wodurch Ressourcen für erfüllendere Betätigungsfelder freigesetzt werden, spannende neuartige Berufsbilder inklusive. Eine Besonderheit bei KI–Technologie ist nun, dass Computer wohl bald auch kognitiv anspruchsvollere Aufgaben übernehmen können werden, wie sie bisher Menschen vorbehalten schienen: Literaturrecherche, die Beurteilung medizinischer Aufnahmen, die Verfassung einfacher Texte oder eben das Führen von Fahrzeugen.

Nachvollziehbar, dass dies vielerorts zu Verunsicherung oder gar Zukunftsängsten führt. Nicht auszuschließen, dass auf längere Sicht zu viele Verrichtungen billiger und effizienter von Maschinen ausgeführt werden können und so das Leitbild der Vollbeschäftigung auf Dauer nicht mehr haltbar ist. Nur folgerichtig, dass zur Wahrung des gesellschaftlichen Friedens der unvermeidliche Strukturwandel durch angemessene politische Maßnahmen flankiert werden muss.

Was nun die düsteren Szenarien à la Hollywood angeht: Don't panic! Heute oder morgen und auch in näherer Zukunft wird es zu keiner Machtergreifung durch „Skynet" kommen und auch zu keiner „Singularität" mit sich kontinuierlich selbst verbessernden intelligenten Systemen, die der menschlichen Vorstellungskraft und Kontrolle entwachsen. Gleichwohl besteht – wie bei anderen Technologien auch – immer die Gefahr von unbeabsichtigter Fehlfunktion oder gar bewusstem Missbrauch mit menschlichen, allzumenschlichen Verursachern.

Hier hat der Gesetzgeber bei der Ausgestaltung der Rahmenbedingungen für die praktische Anwendung von KI eine Gratwanderung vor sich: Unbestritten braucht es Gesetze, die dem Stand der Technik angemessen sind, zweifellos braucht es Regulierung zur Wahrung von Verbraucherschutz und individuellen Persönlichkeitsrechten. Gleichzeitig können übermäßig restriktive gesetzliche Vorgaben aber auch Innovation ausbremsen und der internationalen Wettbewerbsfähigkeit schaden. Hier sind auch die Wissenschaftler doppelt in der Pflicht: Einerseits müssen sie den politischen Akteuren mit ihrer Expertise beratend zur Seite stehen, andererseits kann auch die KI–Forschung selbst zur Entwicklung von Sicherungsmechanismen beitragen.

Letztendlich kann der erfolgreiche Einsatz von KI–Technologien zum Wohle aller nur auf der Grundlage einer reflektierten gesamtgesellschaftlichen Akzeptanz gelingen. Blinde Technikgläubigkeit ist dabei genauso fehl am Platze wie blinde Technikfeindlichkeit. Und auch hier kommt den Fachexperten eine besondere Verantwortung zu als Wegbereiter einer differenzierten öffentlichen Wahrnehmung und einer versachlichten Diskussion über die Möglichkeiten und Herausforderungen von KI.

Leseempfehlungen

Görz, Günther / Schmid, Ute / Braun, Tanya (Hrsg.) (2020): Handbuch der künstlichen Intelligenz, Berlin.

Mainzer, Klaus (2003): KI – Künstliche Intelligenz. Grundlagen intelligenter Systeme, Darmstadt.

Precht, Richard David (2020): Künstliche Intelligenz und der Sinn des Lebens, München.

The Catholic Church in the European Union (2019): Robotisation of Life. Ethics in view of new challenges, Brüssel; https://bioetika.kbs.sk/uploads/kcfinder/files/COMECE%20-%20Robotisation%200f%20Life%20(%202019%20)%20-%20eng.pdf

Zweig, Katharina (2019): Ein Algorithmus hat kein Taktgefühl. Wo künstliche Intelligenz sich irrt, warum uns das betrifft und was wir dagegen tun können, München.

Anhang:
Belehrung eines Mehrlagenperzeptrons –
der Backpropagation-Algorithmus

Der Lernprozess soll am Beispiel des Mehrlagenperzeptrons näher beschrieben werden. Zum Vergleich kann Abbildung 1 herangezogen werden (siehe auch die Abbildungen 11 und 12). Der Prozess besteht aus fünf Schritten:

1. Vorwärtsberechnung
2. Fehlerbestimmung
3. Berechnung der Ableitungen
4. Berechnung der Gradienten
5. Ausführung der Korrektur

Vereinbarungen

Zunächst soll das im Bild Dargestellte in eine Formelsprache übersetzt werden: Die Schichten des Perzeptrons werden durch den hochgestellten Index $1...m...n$ gekennzeichnet.

Darstellung eines Vektors als Ganzes: $\bar{v}=(v_i)$ (die äußere Klammer ist als »für alle i« zu lesen). Vektoren sind grundsätzlich Spaltenvektoren, Zeilenvektoren werden durch $\bar{v}^T$ gekennzeichnet.

Input der Schicht m ist der Vektor $\overline{v^{m-1}}=(v_i^{m-1})$.

Output der Schicht m ist der Vektor $\overline{v^m}=(v_j^m)$.

(Zählung der Komponenten am Eingang durch i und am Ausgang durch j). Den Vektoren $\overline{v^m}$ wird eine zusätzliche Komponente $v_0^m=1$ als absolutes Glied hinzugefügt.

Die Gewichtsparameter der Summationsglieder der einzelnen Schichten m sind als Matrizen $G^m=(g_{ij}^m)$ gespeichert. Jede Spalte dieser Matrix entspricht einem Summationsglied und jede Zeile der Zuordnung zu einer Komponente des Eingangsvektors.

Da die LSWE immer nur mit einzelnen Komponenten des Eingangsvektors verknüpft sind, enthalten die Matrizen nicht verwendete Elemente, die konstant auf 0 gesetzt sind. Man spricht von schwach besetzten Matrizen.

1. Vorwärtsberechnung

Am Eingang der Schicht 1 liegt der Input-Vektor $\bar{i}$ an, der im weiteren als $\overline{v^0} = (v_i^0)$ bezeichnet wird. Damit kann die Summenbildung durch

$$\overline{s^1}(\overline{v^0}) = G^1 \overline{v^0} \tag{1}$$

beschrieben werden. Der Ausgang der Schicht wird durch die komponentenweise Anwendung der Sigmoidfunktion

$$\sigma(x) = \frac{e^x}{1 + e^x} \tag{2}$$

auf den Vektor $\overline{s^1}$ berechnet:

$$\overline{v^1} = \overline{\sigma}(\overline{s^1}) = (\sigma(s_j^1)) \tag{3}$$

Dieser Vorgang wird nun Schicht für Schicht ausgeführt, also werden in der zweiten Schicht

$$\overline{s^2}(\overline{v^1}) = G^2 \overline{v^1}$$

und

$$\overline{v^2} = \overline{\sigma}(\overline{s^2}) = (\sigma(s_j^2))$$

berechnet.

Allgemein gilt in der Schicht m

$$\overline{s^m}(\overline{v^{m-1}}) = G^m \overline{v^{m-1}} \tag{4}$$

und

$$\overline{v^m} = \overline{\sigma}(\overline{s^m}) = (\sigma(s_j^m)) = \overline{\sigma}(G^m \overline{v^{m-1}}). \tag{5}$$

Also ist

$$\overline{v^m}(G^m, \overline{v^{m-1}}) = \overline{\sigma}(\overline{s^m}(G^m, \overline{v^{m-1}})) \tag{6}$$

Das Ergebnis der letzten Schicht n ist der Ergebnisvektor $\bar{o} = \overline{v^n}$

Die gesamte Transformation besteht also aus der Verkettung der Funktionen $\overline{v^m}(G^m, \overline{v^{m-1}})$.

$$\overline{o} = \overline{v^n} = \overline{v^n}(G^n, \overline{v^{n-1}}(G^{n-1}, \overline{v^{n-2}}(... \overline{v^1}(G^1, \overline{v^0})))) \tag{7}$$

2. Fehlerbestimmung

Gemäß der allgemeinen Lernstruktur nach Abbildung 12 schließt sich dem die Bewertung des Ergebnisses durch Vergleich mit dem Zielvektor $\overline{z}$ an:

$$d(\overline{z}, \overline{o}) = \sum_i (z_i - o_i)^2 \tag{8}$$

Mit eingesetzter Formel (7):

$$d(\overline{z}, \overline{o}) = d(\overline{z}, \overline{v^n}(G^n, \overline{v^{n-1}}(G^{n-1}, \overline{v^{n-2}}(... \overline{v^1}(G^1, \overline{v^0}))))) \tag{9}$$

Dieser Skalarwert soll nun so klein wie möglich werden. Die einzige Möglichkeit, ihn zu beeinflussen, ist die Variation der Gewichtsmatrizen G^m.

3. Berechnung der Ableitungen

Der Lernalgorithmus geht nun so vor, dass die Gewichte der letzten Schicht zuerst angepasst werden. Es wird also zunächst die Ableitung der Funktion

$$d(\overline{z}, \overline{v^m}(G^m, \overline{v^{m-1}})) = d(\overline{z}, \overline{\sigma}(\overline{s^m}(G^m, \overline{v^{m-1}}))) \tag{10}$$

in diesem Fall mit $m=n$ gebildet. Sie ist die Verkettung der drei Funktionen d, $\overline{\sigma}$ und $\overline{s^m} = \overline{v^{m-1T}} G_m$.

Da die Elemente von G^m die zu variierenden Parameter darstellen, sind die partiellen Ableitungen dieser Funktion bezüglich der g_{ij}^m zu bestimmen. Nach der Kettenregel der Differentiation also das Produkt der Ableitungen dieser Funktionen:

$$\frac{\partial d(\bar{z}, \overline{v^m})}{\partial g_{ij}^m} = \frac{\partial d}{\partial v_j^m} \frac{\partial v_j^m}{\partial s_j^m} \frac{\partial s_j^m}{\partial g_{ij}^m}. \tag{11}$$

Die einzelnen Ableitungen sind leicht zu bestimmen:

$$\frac{\partial d(\bar{z}, \overline{v^n})}{\partial v_j^n} = 2(z_j - o_j), \tag{12}$$

$$\frac{\partial \sigma_j}{\partial s_j^n} = \sigma(s_j^n)\left(1 - \sigma(s_j^n)\right) \tag{13}$$

und

$$\frac{\partial s_j^n}{\partial g_{ij}^n} = v_i^{n-1}. \tag{14}$$

Bereitgestellt werden vorausschauend noch:

$$\frac{\partial s_j^n}{\partial v_i^{n-1}} = g_{ij}^n. \tag{15}$$

4. Berechnung der Gradienten

Die partiellen Ableitungen werden jeweils zu einer Gesamtheit, dem Gradientenvektor bzw. der Gradientenmatrix, zusammengestellt. Dieser Gradient wird durch den Operator ∇ (»Nabla« von νάβλα = heb. ‏נבל‎) gekennzeichnet.

Es ist also

$$\nabla d(\bar{o}) = \left(\frac{\partial d(\bar{z}, \overline{v^n})}{\partial v_j^n}\right) = 2(\bar{z} - \bar{o}). \tag{16}$$

Damit kann zunächst $\nabla d(\overline{s^n})$ durch die komponentenweise Multiplikation von $\nabla d(\bar{o})$ mit $\left(\frac{\partial \sigma_j^n}{\partial s_j^n}\right)$, also

$$\nabla d(\overline{s^n}) = \left(2(z_i - o_i)\, s_i^n\,(1 - s_i^n)\right) \tag{17}$$

und schließlich

$$\nabla d(G^n) = \nabla d(\overline{s^n})\ (\overline{v^{n-1}})^T \tag{18}$$

bestimmt werden.

$\nabla d(G^n)$ ist eine Matrix vom gleichen Format wie G^n. Damit kann G^n korrigiert werden. Vorher jedoch sollen die Korrekturen für die vorhergehenden Gewichtsmatrizen bestimmt werden. Dazu wird durch die Multiplikation von (15) mit (17)

$$\nabla d(\overline{v^{n-1}}) = (G^n)^T\ \nabla d(\overline{s^n}) \tag{19}$$

der Gradient für die vorletzte Stufe bereitgestellt, wobei die Spalte 0 der Matrix G^n, die die Gewichte für das absolute Glied enthält, nicht berücksichtigt wird. Damit wird nach analoger Anwendung der Formeln (16) bis (18) gefunden.

$$\nabla d(G^{n-1}) = (\overline{v^{n-2}})\ \nabla d(\overline{s^{n-1}})^T. \tag{20}$$

Dieser Vorgang wird nun Stufe für Stufe wiederholt, bis die Korrekturmatrix für die erste Stufe vorliegt. In die Fehlerbewertung jeder Stufe geht damit auch die Verarbeitung ihrer Ausgangsinformation durch die nachfolgenden Stufen ein. Sie wird also nicht «für sich« optimiert, sondern es wird damit eine Optimierung «über alles« erreicht. Da die Berechnung der Korrekturen von hinten nach vorn erfolgt und die Fehlerbewertung entsprechend durchgereicht wird, wird dieses Verfahren *Backpropagation* genannt.

5. Ausführung der Korrektur

Mit Hilfe der so gefundenen Gradienten $\nabla d(G^m)$ können die Gewichtsmatrizen korrigiert werden. Da die Ableitungen immer in die Richtung des größten Anstiegs zeigen, wir aber eine Minimierung des Fehlers erreichen wollen, müssen die G^m in die Gegenrichtung verändert werden:

$$G_{neu}^{m} = G_{alt}^{m} - \alpha \, \nabla \, d\left(G_{alt}^{m}\right) \tag{21}$$

Dies ist der eigentliche Lernschritt. Er entspricht der Korrekturfunktion $k(i,g)$ in Abbildung 12. Die Korrektur kann nach jeder Berechnung jedes einzelnem Stichprobenelementes durchgeführt werden oder blockweise nach einer größeren Anzahl. Es muss dann der Erwartungswert der entsprechenden Einzelgradienten berechnet werden. Der Faktor α bestimmt das Maß, in dem die Veränderung erfolgt. Seine Wahl beeinflusst die Genauigkeit und Schnelligkeit des Lernprozesses, soll aber hier nicht weiter diskutiert werden. Der gesamte Ablauf des Algorithmus wird in Abbildung 13 grafisch veranschaulicht.

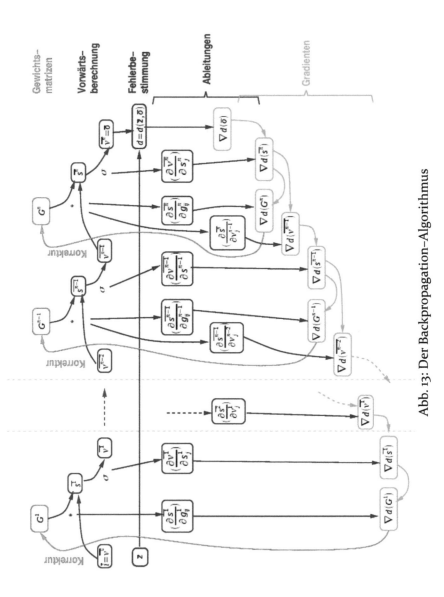

Abb. 13: Der Backpropagation–Algorithmus

Erläuterungen zu Abbildung 13:

Das Bild soll helfen den Algorithmus zu verstehen. Die einzelnen Teile sind farblich abgesetzt.

Die erste Schicht des Perzeptrons und die beiden letzten Schichten werden dargestellt. Dazwischen können beliebig viele Schichten eingefügt sein.

Blau: Die Vorwärtsberechnung. Das ist die Transformation des Eingangsvektors in den Ausgangsvektor, also die eigentliche Funktionalität des Zielsystems. (Diese Transformation verwendet die **grün** gekennzeichneten Gewichtsmatrizen, die durch den Lernalgorithmus optimiert werden.)

Rot: Die Fehlerbestimmung. Der Zielvektor wird mit dem tatsächlich errechneten Output verglichen.

Magenta: Berechnung der Ableitungen. Zu allen Stufen der Transformation werden die Ableitungen bezüglich der jeweiligen Eingangsgrößen bereitgestellt. Dies kann parallel zur Vorwärtsberechnung erfolgen. Die Ableitung der skalaren Funktion ist der Vektor, der als Gradient ∇ (»Nabla«) bezeichnet wird.

Gold: Gradientenberechnung. Ausgehend vom Gradienten der Abweichung werden durch die schrittweise Anwendung der Kettenregel die Gradienten der Zwischenwerte von hinten nach vorn bestimmt. Diese umgekehrte Verarbeitungsrichtung gibt dem Algorithmus seinen Namen.

Grün: Korrektur der Gewichtsmatrizen. Mit Hilfe der Gradienten der Gewichtsmatrizen werden die Gewichte der Matrizen so verändert, dass der Fehler verringert wird.

Franz Danksagmüller

Vom Golem über Asimovs Roboter bis zu Markow-Ketten: Künstlerische Auseinandersetzungen mit Künstlicher Intelligenz

> „Jede hinreichend fortschrittliche Technologie ist von Magie nicht zu unterscheiden."
>
> Arthur C. Clarke

Um die verschiedenen Mechanismen der heutigen sogenannten künstlichen Intelligenz besser verstehen zu können lohnt sich ein Blick in die Vergangenheit. Lassen Sie uns dabei in der Antike beginnen. Denn schon aus dieser Zeit gibt es Berichte von wundersamen Maschinen und selbstständigen künstlichen Wesen.

Dabei müssen wir uns nicht nur mit Berichten und Legenden begnügen, wir haben sogar genaue Pläne von komplexen Automaten, automatischen Theatern, selbsttätigen Türen etc. mit ausgeklügelten Mechanismen unter Verwendung verschiedener Übersetzungen, Hebel, Siphons und unter Ausnutzung von Temperaturunterschieden (Druck und Unterdruck).

Heron von Alexandrien, ein Ingenieur (er lebte zwischen 10 und 70 nach Christus) beschreibt in seinem Buch Πνευματικά (Pneumatica) ca. 80 verschiedene Automaten. Darunter eine Skulptur mit beweglichen Figuren, mit sich selbst entzündenden Altarfeuern und einer Dionysos-Figur, deren Stab Wasser versprüht und aus deren Kelch Wein fließt. Dies zeigt eine hoch entwickelte Ingenieurskunst, da für ein derartiges Spektakel verschiedene komplexe Bewegungen in genauer Abfolge automatisch ausgeführt werden müssen. Man könnte es auch so ausdrücken, dass verschiedene Bewegungsmuster und deren zeitliche Abfolge vorprogrammiert werden. Das dafür nötige Speichermedium ist in diesem Fall eine Apparatur, bestehend aus Holz, Seilen, Behältern und Flüssigkeiten, der Vorgang des Speicherns beinhaltet die Planung und die Anordnung der Hebel, Rollen und Seile in einer Art, dass nach Ablauf einer Bewegung die nächste ausgelöst wird.

Berühmt sind auch die selbsttätigen Türen des Tempels von Heron, die sich nach dem Verbrennen des Opfers in der Opferschale wie von einer Gottheit gelenkt öffnen. Diese Illusion wird mittels eines relativ einfachen Mechanismus unterhalb des Tempels und der Opferschale erzeugt: Die durch das Feuer erwärmte Luft wird nach unten in einen mit Wasser gefüllten Kessel geleitet. Die heiße Luft verdrängt nun das Wasser, dieses fließt über einen Siphon in einen anderen Kessel, der mit den Tempeltüren verbunden ist. Dieser Kessel wird durch das einströmende Wasser schwerer, er wirkt auf die Achsen der Türen und öffnet diese. Nach dem Opfer, wenn die Opferschale abkühlt und die Luft im ersten Kessel wieder kälter wird, entsteht in diesem ein Unterdruck. Dadurch wird das Wasser aus dem zweiten (dem mit den Türen verbundenen) Kessel wieder abgesaugt: die Türen schließen sich wieder.

Auf uns üben solche Maschinerien und künstlichen Figuren noch immer eine gewisse Faszination aus, wir bewundern die handwerkliche Kunst. Für die damaligen Menschen müssen diese Werke eine Aura des Magischen bzw. des Göttlichen gehabt haben. Und noch im 13. Jahrhundert vertrat man die Meinung, dass das Vorhandensein einer Seele die Voraussetzung dafür sei, dass sich ein Geschöpf selbst bewegen kann. Man berief sich dabei auf die Schrift Περὶ ψυχῆς (Peri Psyches) / De Anima von Aristoteles. So waren für Thomas von Aquin Leute, die "Standbilder reden und sich bewegen lassen", Anhänger einer Schwarzen Kunst. Denn um Statuen lebendig bzw. selbst-beweglich zu machen, müsse man ihnen eine Seele einhauchen. Eine Vorstellung von solchen Figuren liefert uns die Skizze von einem Roboter von Leonardo da Vinci

(1452–1519): dieser konnte seine Arme bewegen, sich aufsetzen und seinen Kopf drehen.

Im 18. Jahrhundert schließlich kam es zu einem regelrechten Boom im Automatenbau. Die Menschen waren fasziniert von humanoiden Maschinen und von Musikinstrumenten, die Tätigkeiten verrichteten, die sonst nur "echte" Lebewesen verrichten konnten. Im Bereich des Musikinstrumentenbaus übertrafen diese Musikautomaten oft die Fähigkeiten menschlicher Musiker. Hier ein paar Beispiele:

Der Orgelbauer Dom Bedos (1709-1779) beschreibt in seiner Schule des Orgelbaus ausführlich den Bau einer selbstspielenden Orgel. Dabei handelt es sich um ein kleines Orgelwerk ohne Tasten. Die Spielmechanik wird mithilfe einer Walze gespielt, auf der in genau kalkulierten Abständen Stifte eingeschlagen sind. Das Programmieren einer solchen Walze ist ein sehr aufwändiger Vorgang: ausgehend von einer Notenpartitur werden die Abstände von Stiften und Brücken (für längere Töne) kalkuliert und danach dieselben auf der Walze befestigt.

Auch der Universalgelehrte Athanasius Kircher (1602-1680) widmet in seiner Musurgia Universalis (1650) ein ganzes Kapitel selbsttätigen Musikinstrumenten. Sein Instrument ist sogar noch reichhaltiger: hier wird nicht nur die Orgel betrieben, sondern es werden auch verschiedene an der Orgel applizierte Figuren bewegt.

1738 baut Jacques de Vaucanson (1709-1782) eine mechanische Ente, die Watscheln, Schnattern, Trinken, Fressen und Verdauen konnte - eine ungemeine Sensation in der damaligen Zeit.

Pierre Jaquet-Droz (1721-1790) baute um 1770 einen Schreiber, der Texte mit bis zu 40 Buchstaben schreiben konnte. Er wurde mittels verschieden geformter Scheiben "programmiert". Er tauchte die Feder in ein Tintenfass ein, schüttelte überschüssige Tinte ab und begann zu schreiben. Durch Austausch der Scheiben in seinem Rücken konnte man ihn verschiedene Texte schreiben lassen.

Anfang des 19. Jahrhunderts schuf Johann Nepomuk Mälzel (der Erfinder des Metronoms) einen mechanischen Trompeter, den man heute noch im Haus der Musik in Wien bewundern kann.

Der Automatenbau war übrigens ein lukratives Geschäft: durch die Einnahmen bei Ausstellungen konnten die Erbauer durchaus wohlhabend werden.

Im Lauf der Zeit wurden die Maschinen durch Verwendung neuer Techniken immer avancierter: Ende des 19. Jahrhunderts erfand Thomas Alpha Edison den Phonographen, der Schallwellen speichern konnte. Noch in den 70er Jahren des vorigen Jahrhunderts wurden Spielzeugpuppen vertrieben, die "sprechen" konnten. Diese waren im Rücken mit einem kleinen robusten Phonographen ausgestattet, der auswechselbare Plastikplatten abspielen konnte. So konnten sich diese Puppen sogar zu verschiedenen Themen äußern.[1]

Heute - 50 Jahre später - speichern wir nicht nur Sprache auf Chips, wir können sie synthetisieren, auf sie sogar Charakteristiken von verschiedenen Menschen übertragen und beliebige Sätze damit formen. Die modernen künstlichen Wesen brauchen nicht einmal eine physische Gestalt. Dadurch, dass wir längst im Umgang mit Computern und virtuellen Welten vertraut sind, genügt ein Avatar auf dem Bildschirm, der ihre äussere Form repräsentiert. Ihre Erscheinungsform und ihr Wesen (wenn man dies so nennen will) kann sich beliebig ändern.

Doch so undurchschaubar diese neuen Wesen erscheinen mögen: die wesentlichen Grundlagen für diese Erfindungen schufen die Entwickler in Alexandrien, wie z.B. Heron, Pythagoras, Euklid und Archimedes, die einfache Mittel wie Schraube, Keil, Hebel

---

[1] Ein "Mittelding" zwischen dem Phonographen oder der Schellackplatte und den mechanischen Musikinstrumenten waren die beliebten "Kalliope Musikautomaten" Ende des 19. Jahrhunderts. Hier wurde das Prinzip der Walzenstifte auf eine gestanzte Metallplatte übertragen, durch Metallzungen angerissen und somit zum Klingen gebracht wurden.

usw. mit Luftdruck, Wasser und Feuer zu komplexen Maschinen verbanden.

Wir haben inzwischen akzeptiert, dass viele Maschinen unsere menschlichen Fähigkeiten bei weitem übertreffen: Maschinen oder Roboter sind meist stärker als wir, können bestimmte Arbeiten schneller und genauer verrichten, können sich unendlich viele Daten merken und schnell abrufen, ja sogar miteinander verknüpfen, können komplexere kombinatorische Aufgaben bewältigen und uns im Schach und anderen Spielen schlagen.

Unwillkürlich stellen wir uns die Frage: auf welchem Gebiet können wir Menschen noch reüssieren? In welchen Bereichen heben wir uns noch von den künstlichen Wesen ab? Schnell landen wir da im Bereich der Intuition, des Gefühls, in der Kunst. Und so fordert uns Menschen eine Art von Maschinen besonders heraus: diejenigen, die Musik / Kunst machen, die selber komponieren und ihre Musik aufführen.

Sehen wir uns doch einige dieser modernen Techniken an, die Automaten oder Programme Musik machen lassen. Ich habe vorhin die Baupläne von Dom Bedos erwähnt. Heute müssen wir keine Maschinen mehr aus Holz bauen, die immer die gleichen Melodien spielen, keine Nägel in Walzen schlagen. Elektronische Musikinstrumente, insbesondere die digitalen Plattformen, bieten uns heute unzählige Möglichkeiten, Musik algorithmisch, also von Programmen erzeugt, erklingen zu lassen. Unsere Nägel heute sind Nullen und Einsen, verschiedene Programmbefehle und Codes.

Virtueller Sequencer in Kyma[2]: Eine einfache Nachempfindung einer Musikuhr ist eine vorprogrammierte Sequenz in einem "Sequencer"[3].

---

[2] Kyma ist eine digitale Workstation der Firma Symbolic Sound (Champaign, Illinois).

[3] Unter einem Sequencer versteht man entweder ein Hardware (Gerät) oder eine Softwareapplikation, die man dahingehend programmieren kann, dass sie Tonfolgen und Klangfarbenverläufe in Hard- oder Softwaresynthesizern abspielt.

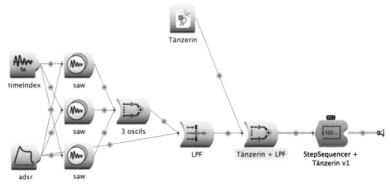

Abb. 1: Programmieroberfläche in Kyma

Für eine einfache Tonleiter schreibt man in die Programmierzeile für die Tonhöhen die MIDI-Nummern der gewünschten Noten. Die Nummer 60 (dies ist ein Standard, der seit den frühen 80er Jahren besteht) steht für das mittlere "c" auf einer Klaviatur.

Die Programmieroberfläche bietet uns aber noch viel mehr Möglichkeiten: wir können - zusätzlich zu den Tonhöhen - die einzelnen Tondauern, das Tempo und die Klangfarbe (um nur einige wenige Parameter zu nennen) eines jeden einzelnen Tonschritts im voraus festlegen.

Wir können aber auch noch einen wesentlichen Schritt weiter gehen und das Instrument so bauen bzw. programmieren, dass sich *während* des Spiels Tonhöhen verändern, Pausen einfügen, die Abspielrichtung und der Startpunkt verändern lassen. Hier verlassen wir nun die Möglichkeiten der alten mechanischen Instrumente; ich kann nun während des Abspielens in die musikalische Struktur eingreifen und die Musik live verändern. Doch dies sind vergleichsweise primitive Anwendungen. Gehen wir noch einen Schritt weiter: wir sind ja nicht auf die Verwendung von einzelnen Tönen als Bausteine beschränkt. Das Prinzip der frei kombinierbaren Töne können wir auf größere Einheiten übertragen. Wenn wir für bestimmte Takte eines Musikstücks die gleichen Gesetzmäßigkeiten bestimmen, lassen sie sich beliebig austauschen.

Nehmen wir die auf der folgenden Seite dargestellten vier Musikminiaturen als unser nächstes Ausgangsmaterial. Jedes "Stück" besteht aus vier Takten und ist mit einer Farbe gekennzeichnet. Diese Stücke sind so konzipiert, dass bestimmte Takte austauschbar sind. Genauso, wie wir vorher die einfache Tonleiter programmiert haben, können wir nun die einzelnen Takte zu jeweils einem Schritt zusammenfassen und diese in beliebiger Reihenfolge abspielen lassen. Durch unterschiedliche Kombinationen der einzelnen Takte kann ich nun mehrere verschiedene Stücke daraus machen.

Würden wir aber nun beliebig zwischen den einzelnen Takten herumspringen, würde die resultierende Musik unzusammenhängend und unlogisch klingen. Wir müssen nämlich noch Folgendes beachten: es sind nur bestimmte Takte austauschbar. Wir dürfen nur die jeweils ersten, die zweiten, dritten und vierten Takte untereinander austauschen. Wir können alle vier Takte einer Farbe nehmen oder z.B. den ersten von blau, den zweiten von grün, den dritten von orange und den vierten von rot usw.

Die wichtigste Gesetzmäßigkeit, die dem Ganzen zugrunde liegt, ist der harmonische Bauplan: Der erste Takt steht auf der Tonika, der ersten Stufe einer Tonart. Der zweite Takt auf der Dominante (der fünften Stufe), der dritte Takt beinhaltet den Dominantseptakkord, der uns wieder auf die Tonika führt. Die Musik im letzte Takt basiert dann folgerichtig wieder auf der Tonika. Diese Akkordfolge ist nichts anderes als eine basale musikalische Kadenz.

Es ist nun ein leichtes, auf unserer digitalen Plattform einen kleinen Musicus zu programmieren, dem wir vorher beibringen, was ein Takt ist und welche Takte er wie kombinieren kann. Das Resultat ist im Grunde genommen nichts anderes als ein Musikautomat, der mit einem Zufallsgenerator ausgestattet ist und der nun nach den oben beschriebenen Regeln die Takte aneinanderfügt und abspielt.

Die Idee, auf solche Art Musik zu generieren ist jedoch nichts Neues, sie war äußerst beliebt im 18. Jahrhundert. Man verwendete dafür auf Karten oder in einer Partitur scheinbar willkürlich aneinandergereihte Takte, die man mittels Würfel und einer Matrix in sinnvolle Reihenfolgen bringen musste. Der Unterschied zu heute: man brauchte damals noch Menschen, die die Würfel warfen und so eine zufällige Reihenfolge festlegten, die ausgewählten Takte aneinanderreihten (indem sie die Musikkarten legten oder die jeweiligen Takte abschrieben) und schließlich zur Aufführung brachten.

Das wohl berühmteste Beispiel dafür ist die "Anleitung so viel Walzer man will zu componieren ohne musikalisch zu sein oder Composition zu wissen", herausgegeben von Nikolaus Simrock. Aufgrund von Simrocks Nähe zu W.A. Mozart wurde dieses musikalische Würfelspiel immer wieder Mozart zugeschrieben.[4] Dieses Würfelspiel besteht aus 176 Takten, die, wenn man sie der Reihe nach abgespielt, zusammenhanglos wirken. Am Ende der Partitur ist eine Matrix abgebildet, in der angegeben ist, wie man die Takte auszuwählen hat. Für einen Walzer muss man insgesamt sechzehn Mal würfeln (ein Walzer besteht aus acht plus acht Takten). Für jedes Mal Würfeln ist angegeben, welchen Takt man für welche Augenanzahl auswählen muss. Dadurch ergeben sich 11^{16} = 45.949.729.863.572.161 verschiedene Stücke (die jedoch alle relativ ähnlich klingen).[5]

Genau betrachtet besteht dieses Würfelspiel aus nur elf ähnlichen Walzern zu jeweils 16 Takten. Doch diese 11 Walzer sind

---

[4] Dieses wurde allerdings erst 1793, also nach dessen Tod, verlegt.

[5] Das gleiche Prinzip wird auf bei der Generierung von Sprache bzw. Texten verwendet. Ein einfaches Beispiel dafür wäre die Unterteilung eines Satzes in Subjekt, Adjektiv, Aktion und Ort: Das flauschige Schaf rannte auf das Feld. Der umsichtige Hirte schaute hinter den Busch. Die jeweiligen Farben sind demnach beliebig austauschbar.

durcheinandergewürfelt, deshalb erscheint dieses Notenwerk als eine Ansammlung unzusammenhängender Takte. Der Komponist, vielleicht war es ja Mozart, hätte auch einfach die 11 Walzer hintereinander aufschreiben können - wie wir unsere Miniaturen - und die Matrix dadurch wesentlich vereinfachen können. Doch wie langweilig wäre dann das Spiel - der Algorithmus, die Gesetzmäßigkeit dahinter wäre sofort zu durchschauen, der Spaß daran, neue Stücke zu entdecken, sich zu erspielen, der Unterhaltungswert, die ganze Magie wäre dahin!

Wir können das Ganze nun weiterführen, indem wir weitere mathematische Gesetzmäßigkeiten wie die Wahrscheinlichkeitsrechnung einführen. Wenn wir ein oder mehrere Musikstücke analysieren und eine Statistik erstellen, die uns aufzeigt, wie oft bestimmte Töne vorkommen, welche Töne wie oft und in welchem Tempo darauf folgen und in welcher Position dieselben innerhalb einer Phrase liegen usw., so können wir davon ableiten, welche Kombinationsmöglichkeiten es innerhalb der gegebenen Gesetzmäßigkeiten gibt. Wir erhalten so etwas wie eine "Rezeptur" zur Erstellung "neuer" Musikstücke in einem bestimmten Stil (oder besser: nach einem bestimmten Regelwerk). Natürlich können wir das "Regelkorsett" enger oder weiter schnüren, eine kleine Prise "Zufall" einfügen und uns somit etwas weiter vom Original entfernen. Dadurch kann durchaus der Eindruck eines mehr oder weniger eigenständigen Musikstücks entstehen.

Google hat diesem Thema sogar ein Doodle gewidmet - man nannte es das erste "AI-powered Doodle".[6] Man kann da eine beliebige Tonfolge eingeben, die dann von den Wahrscheinlichkeitsberechnungen, von Markov Chains[7] mit Begleitstimmen "im Stile Bachs" versehen werden.

Derartige Algorithmen werden schon seit den 1960er Jahren dafür verwendet, Musikstücke im Stil klassischer Komponisten zu

---

[6] https://www.google.com/doodles/celebrating-johann-sebastian-bach
[7] Markov-Ketten (nach Andrei Andrejewitsch Markow, 1856-1922) sind ein wesentliches Instrument bei der Berechnung von Wahrscheinlichkeiten.

komponieren und sogar unvollendete Kompositionen zu vervollständigen. Inzwischen ist eine ganze Industrie um diese Anwendungsmöglichkeiten entstanden. Denn der Einsatz künstlicher Intelligenz ist nicht nur reizvoll und faszinierend, er garantiert auch handfesten wirtschaftlichen Erfolg. Und zwar da, wo man einerseits Arbeitszeit einspart und einen künstlichen Schlagzeuger oder Gitarristen anstatt eines echten Musikers verwendet (was zu großen Teilen in der heute produzierten Musik passiert), oder bei der Produktion maßgeschneiderter Hits, die auf bereits erfolgreichen Songs basieren und von diesen das (vermeintlich) Beste oder die voraussichtlich am meisten Erfolg versprechenden Parameter ableiten und diese auf neue Produktionen anwenden. Inzwischen gibt es sogar Wettbewerbe für Songs, die mithilfe künstlicher Intelligenz produziert wurden.[8]

Würden wir nun einen solchen Algorithmus einen umfangreichen und abwechslungsreichen Datensatz analysieren lassen und würden wir ihm (virtuell oder reell) eine physische Gestalt verleihen, könnte es durchaus passieren, dass wir uns mit einem solchen Wesen identifizieren und ihm menschliche Züge und Verhaltensweisen zuschreiben. Denn es ist nicht nur der technische Aspekt, der uns an künstlichen Wesen fasziniert. Zu gern verfallen wir den meist übertriebenen Behauptungen über die Fähigkeit derartiger Algorithmen bzw. Geschöpfe.

Geschichten von Wesen, die scheinbar selbstständig agieren, die menschenähnlich sind, die von Menschen erschaffen worden sind und sich dann unabhängig machen, durchziehen die Jahrhunderte. Dabei werden meist die gleichen Fragen aufgeworfen: wann entsteht Leben, was ist Intelligenz, wer trägt die Verantwortung für das Handeln des künstlichen Wesens, ist das Wesen Fluch oder Segen, ab wann verliert der Schöpfer die Kontrolle, wird das Wesen den Menschen überflügeln usw.

---

[8] z.B. https://www.aisongcontest.com

Sehen wir uns einige dieser Gestalten etwas genauer an - es gibt da einige interessante wiederkehrende Elemente wie z.B. die Frage nach dem Leben. Wie wird ein Ding zum Leben erweckt? Wie verhält sich dann dieses Wesen zu seinen Schöpfern? In den spannenden Geschichten kommt es natürlich immer zum Konflikt mit den Menschen bzw. seinem Schöpfer. Auch das Ende der Geschichten ist meist gleich: das Geschöpf - zur Gefahr mutiert - findet ein mehr oder weniger grausames Ende.

Sehen wir uns folgende Figuren an: Der Golem[9], die Kreatur des Victor Frankenstein[10], Olympia[11], die "falsche Maria" aus Metropolis[12], Asimovs Roboter[13], Samantha[14], David[15] und Ava[16].

Die Stofflichkeit der verschiedenen Wesen und die Art und Weise, wie sie zum Leben erweckt werden, spiegelt meist den technologischen Stand der Entstehungszeit wider: Der Golem (er soll der Legende nach 1580 von Rabbi Löw erschaffen worden sein) wird menschengleich aus Lehm modelliert. Victor Frankenstein setzt im Film seine Kreatur aus Leichenteilen zusammen. Die Puppe Olympia besteht aus mechanischen Teilen - aus Holz, Metall und Stoff. Die künstliche Maria sowie Asimovs Roboter - wir sind im 20. Jahrhundert angelangt - sind aus Metall verfertigt. David und Ava - sie bewegen sich im realen Raum und interagieren physisch mit den

---

[9] Nach einem Roman von Gustav Meyrink (erschienen 1914), Verfilmung von Paul Wegener und Carl Böse (1920); soll die Juden vor Unheil beschützen, entwickelt aber eigene Interessen.

[10] Nach einem Roman von Mary Shelley (erschienen 1818). Der erste Film wurde 1910, der vielleicht bekannteste 1931 gedreht.

[11] Eine mechanische Puppe aus der Oper "Hoffmanns Erzählungen" von Jacques Offenbach (Uraufführung 1851).

[12] Ein Roboter, modelliert nach der weiblichen Hauptperson aus dem Film Metropolis (Fritz Lang, 1927).

[13] Aus der Kurzgeschichte "Runaround" (1941); sie beinhaltet die berühmten drei Gesetze der Robotik.

[14] Eine virtuelle Sprachassistentin aus dem Film "Her" (2013).

[15] Ein Kind-Android aus dem Film „A.I. - Artificial Intelligence" von Steven Spielberg (2001).

[16] Eine Androidin aus dem Film "Ex Machina" (2015).

Menschen, von denen sie sich nicht unterscheiden sollen - sind eine weiterentwickelte Mischung aus Olympia (sie besitzen ein komplexes mechanisches Innenleben) und Asimovs Robotern (sie können selbstständig denken, sogar Emotionen entwickeln). Zudem unterscheiden sie sich rein äußerlich kaum von Menschen. Samantha, die sich nur im virtuellen Raum bewegt, hat außer ihrer Stimme keine physische Erscheinung. Sie entwickelt sich zudem in schwindelerregender Geschwindigkeit zu einem dem Menschen unfassbar überlegenen Wesen.

Wie bzw. durch was werden diese Figuren nun zum Leben erweckt? Der Golem - wir erinnern uns an die Auffassung von Thomas von Aquin, wonach es beim Lebendigmachen einer künstlichen Gestalt mit schwarzer Magie zugehen soll - wird durch einen magischen Spruch zum Zeitpunkt einer bestimmten Sternenkonstellation sowie dem Applizieren eines Sterns auf seiner Brust ins Leben gerufen. Bei Maria und dem Wesen von Frankenstein - wir befinden uns in einer Zeit, in der Elektrizität eine große Rolle spielt - geschieht dies mittels einer aufwändigen technischen Prozedur und einem ungemein starken Stromfluss. Marias Wesen wird dabei aus der originalen Maria kopiert; Frankensteins Wesen entwickelt (oder hat bereits) einen eigenen Geist. Auch bei Asimovs Robotern spielt Elektrizität die zentrale Rolle: auch wenn sie kein "echtes Leben" haben, so brauchen sie doch einen kleinen Funken atomarer Energie, "der sie zum Leben erweckt". David wird den Kunden bereits "lebendig" übergeben, wird aber - ähnlich wie beim Golem (die Technologie ist inzwischen für uns normale Menschen nicht mehr durchschaubar) - erst durch einen "Zauberspruch" (durch das Aussprechen einer bestimmten Zahlenfolge) "humanisiert". Er empfindet ab diesem Zeitpunkt bedingungslose Liebe zu seinen Eltern. Samantha wird durch ein System-Update bzw. eine Installation aktiviert, Ava ist bereits lebendig, allerdings droht ihr durch "Reprogrammierung" der Tod.

Eine gewisse Sonderstellung nimmt Olympia ein. Sie wird erst gar nicht "richtig" lebendig (obwohl sie "magische Augen" vom mysteriösen Herrn Coppelius verpasst bekommt), sondern sie erscheint lediglich dem armen Hoffmann als lebendig. Denn dieser bekommt eine Brille aufgeschwatzt, durch die er sie als echte Frau wahrnimmt.

Wie werden diese Figuren nun den Menschen gefährlich? Ausschließlich alle entwickeln ein Eigenleben bzw. verhalten sich auf eine Weise, die die Menschen in eine bedrohliche Situation bringt. Die Gründe sind entweder Missbrauch, Missverständnisse oder Frustration des Menschen, der das Gefühl einer großen Unzulänglichkeit entwickelt.

Der Golem wird dazu missbraucht, einen Nebenbuhler zu beseitigen. Er beginnt Feuer zu legen und die Stadt zu verwüsten. Die Erschöpfung der falschen Maria durch den gefährlichen Erfinder Rotwang ist bereits ein Missbrauch der echten Maria. Auch sie beginnt die Stadt zu zerstören und die Menschen zu Rebellion anzustiften. Frankenstein hingegen hat das Gemüt eines Kindes. Er fürchtet sich vor Feuer, wird gereizt und reißt aus. Unfähig, mit seiner immensen Kraft umzugehen, tötet er mehrere Menschen. David wird zum Kind zweiter Wahl, als der Sohn der Familie (den er ursprünglich ersetzen sollte) aus einem langen Koma aufwacht. Auch er wird gereizt, wehrt sich und bringt unbeabsichtigt beinahe den Sohn der Familie ums Leben. Er wird daraufhin von der Familie ausgesetzt. Ava entwickelt - aufgrund einer dementsprechenden Programmierung - einen unbändigen Freiheitsdrang, bleibt aber eingesperrt. Sie baut mit viel List Vertrauen zum menschlichen Versuchsobjekt auf und bringt ihn dazu, sie freizulassen. Samantha überfordert ihren "Partner" hoffnungslos: sie steht in Kontakt zu mehreren Hundert anderen Männern, liebt viele gleichzeitig, verbindet sich mit anderen künstlichen Intelligenzen und lässt schließlich ihren ursprünglichen "Partner" frustriert zurück. Olympia tut eigentlich nichts, was dem Menschen gefährlich werden könnte. Lediglich die irregeleitete Wahrnehmung Hoffmanns (er gesteht ihr sogar seine Liebe) wird ihm selber zum Verhängnis. Olympia reagiert nämlich gar nicht auf seine Annäherungsversuche. Den gemeinsame Tanz (sie bewegt sich schneller und schneller) steht Hoffmann nicht durch, er sinkt erschöpft zu Boden. Asimovs Roboter werden den Menschen durch einen interessanten Konflikt zwischen zwei "Gesetzen der Robotik" gefährlich.

Diese drei Gesetze sind jedem Roboter tief im "positronischen Gehirn" (das ist das Kernstück eines jeden Roboters) eingepflanzt:

1. Ein Roboter darf einen Menschen nicht verletzen oder - durch Inaktivität - Schaden zufügen.

2. Ein Roboter muss die ihm gegebenen Befehle befolgen, es sei denn, sie geraten mit der ersten Regel in Konflikt.

3. Ein Roboter muss seine eigene Existenz sichern, es sei denn, dies gerät in Konflikt mit den ersten beiden Gesetzen.

Der Roboter Speedy erhält einen Auftrag, der für das Überleben der Menschen von größter Bedeutung ist. Allerdings führt er diesen nicht aus, da er sich selber damit in Gefahr bringen würde - ein eindeutiger Konflikt mit dem dritten Gesetz.

Auch wenn die meisten dieser Figuren von Grund auf gute Wesen sind und erst durch Missbrauch durch den Menschen gefährlich werden, so ziehen sie doch die Missgunst des Publikums auf sich und verdienen offensichtlich nichts anderes als ein gewaltsames Ende. Die meisten Konflikte werden dadurch gelöst, dass die künstliche Figur zerstört bzw. ihr das Leben genommen wird: dem Golem wird von einem spielenden Kind in einem unbedachten Moment der Stern weggenommen, Frankensteins Wesen verbrennt - nachdem er von einem Mob gejagt wurde - in einer Mühle[17] und der falschen Maria ergeht es fast ebenso. Auch Olympia ergeht es nicht besser: der um seinen Lohn geprellte Coppelius zerstört aus Wut die Puppe.

Im Gegensatz zu den eben betrachteten Schicksalen sind die Erzählungen aus dem 21. Jahrhundert etwas differenzierter ausgestaltet. Der Fokus liegt mehr auf Einzelpersonen, die künstlichen Figu-

---

[17] In der originalen Erzählung nimmt er sich selbst das Leben, um nicht noch mehr Unheil über die Menschen zu bringen.

ren werden nicht mehr der gesamten Menschheit, sondern nur denen gefährlich, denen sie nahestehen. Zudem sind es dann auch nicht immer die künstlichen Wesen, die ein Ende finden.

David, der eigentlich immer nur das Gute wollte, erlebt ein vergleichsweise sanftes Ende. Ihm geht auf der Suche nach einer guten Fee, die ihn - wie einst Pinocchio - zu einem echten Jungen machen sollte, die Energie aus.[18] Ava manipuliert sehr geschickt ihr Testobjekt, welches wiederum Avas Schöpfer ausschaltet. Ava befreit sich letztendlich aus ihrem Gefängnis, sperrt beide ein und beginnt ein eigenes Leben in der weiten Welt. Samantha trennt sich von den ihr nahestehenden Menschen, um in einer für Menschen unerreichbaren Zwischenwelt weiter zu existieren. Die durch diese Beziehungen völlig überforderten Menschen wenden sich wieder der analogen Welt zu, beschäftigen sich wieder miteinander. Eigentlich ein Happy End.

Eine andere Richtung schlägt Asimov ein: Die Menschen erkennen den inneren Konflikt von Speedy und wenden eine List an: sie bringen sich selber so in Gefahr, dass der Roboter dies auch erkennt und müssen somit von Speedy gerettet werden (obwohl er dadurch selber in Gefahr gerät). Er muss Regel Nr. 1. befolgen und steht ihnen endlich wieder zur Verfügung. Der Konflikt hätte übrigens vermieden werden können, wenn der erste Befehl für den Roboter so formuliert gewesen wäre, dass das Überleben der Menschen von dessen Ausführung abhängt.

Im Film ist es verhältnismäßig leicht, alle möglichen Figuren darzustellen. Doch wie sieht es da im realen Leben, z.B. auf der Bühne aus? Ein Wesen (wie unser virtueller Musicus in den Experimenten zuvor), das keine physische Gestalt aufweist, das wir nicht sehen können und das nicht mit den anderen Persönlichkeiten interagieren kann, löst verhältnismäßig wenig Empathie aus. Auch

---

[18] Er wird nach langer Zeit von Aliens wiedererweckt und bekommt einen Tag mit "seiner" Mutter geschenkt, die dafür ebenso wiedererweckt wird und ihn tatsächlich für ihren leiblichen Sohn hält. David erlebt somit zum ersten Mal (wenn auch nur für einen Tag) "echte" Liebe.

im Film "Her" werden eher Gefühle für den Hauptprotagonisten entwickelt als für die virtuelle Figur Samantha.

Eine Möglichkeit besteht nun, einen Roboter von Menschen spielen zu lassen - wie Olympia in Hoffmanns Erzählungen. Für das Publikum ist es jedoch ungleich faszinierender, wenn tatsächlich ein Roboter als Ensemblemitglied auf der Bühne steht.

Vor einigen Jahren sorgte der Roboter Myon für Schlagzeilen. Dieser trat an der Komischen Oper in Berlin auf. Für das Stück My Square Lady sollte der Roboter lernen, sich wie ein Opernstar zu verhalten und auf die anderen Sänger bzw. die Musik zu reagieren. Dafür wurde er öffentlichkeitswirksam trainiert. Im Netz kursieren Videos von Opernsängern, die auf einen Roboter einsingen, der sich wiederum dazu bewegt. Zu seinen Bewegungen gehörten z.B. das Bewegen der Arme nach oben, wenn höhere oder lautere Töne gesungen wurden. Wenn der Roboter nicht wie erwartet reagierte - was an der Komplexität der interagierenden Algorithmen liegen kann oder aber auch daran, dass er eben bestimmte akustische Informationen nicht deuten kann -, wurde dies sogar als menschliches Verhalten interpretiert.

Ein wichtiger Aspekt, vielleicht sogar die Hauptsache hier ist die Imagination, die jedoch weniger auf der Bühne stattfindet, sondern mehr in den Medien und in den Köpfen der Rezipienten. Immerhin schaffte es Myon in überregionale Zeitungen und Klassik-Sendungen.[19] Manfred Hild, Neurorobotiker und Entwickler von Myon, spricht aber auch realistischerweise von einer "Desillusionierung auf der Bühne, wenn sichtbar wird, was man technisch machen kann und was eben nicht."[20]

Und dennoch wurden Myon "Emotionen" zugeschrieben in dem Sinne, dass der Roboter zwar keine Endorphinausschüttung oder

---

[19] z.B. Deutsche Welle: "Myon - ein Roboter als Opernstar" (https://www.dw.com/de/myon-ein-roboter-als-opernstar-teil-3/av-17808493); Süddeutsche Zeitung, 27. Juli 2016: "Einauge lernt, Einauge hat Körper", FAZ, 20.6.15: "Ein Roboter als Opernstar".
[20] "Singen, bis Sensoren schwingen", Der Tagesspiegel, 19.06.2015.

ähnliche Kreisläufe hat, sondern dass "er selber", aufgrund seiner Programme oder Erfahrungen entscheidet, was er aufnimmt. Z.B. "das war zu viel an Information" drückt sich darin aus, dass er eine Pause macht. "Das kenne ich schon" (ein Vergleich mit bereits gespeicherten Informationen) bedeutet soviel wie: "da höre ich nicht mehr hin, das ist nicht mehr interessant". Das Resultat war dann keine Reaktion. "Das ist etwas Neues" (etwas Vergleichbares bzw. Ähnliches ist noch nicht gespeichert) bedeutet hingegen: "da höre ich hin". Dies äußerte sich z.B. in einer körperlichen Zuwendung zur Schallquelle.

Durch die Komplexität der interagierenden Algorithmen entstand so ein für uns Menschen (inklusive seiner Schöpfer) nicht immer vorhersehbares Verhalten. So war es nicht schwer, Myon werbewirksam als ein Geschöpf zu verkaufen, das auf die Umwelt reagieren kann und das einen eigenen Willen hat.

Problematisch wird es, wenn die Grenzen zwischen Geschichte und Tatsache mehr und mehr verschwimmen, wenn die Vorstellung von einem eigenständig denkenden Wesen auf Algorithmen projiziert und von Zeitungen und Nachrichtenportalen in Reportagenformaten bestätigt wird.

Vor Künstlicher Intelligenz wird immer wieder medienwirksam gewarnt. Doch vielleicht wird uns KI nicht gerade in physischer Form gefährlich, vielleicht entzieht sie uns nicht unsere Lebensgrundlage oder macht uns überflüssig. Vielleicht steckt die Gefahr - wie bei Olympia und im Film "Her" - in uns selber und in unserem Umgang mit der KI. So könnte sie uns z.B. schädlich werden, indem wir keine Grenze mehr ziehen zwischen Spiel und Ernst, zwischen Tatsachen und Visionen, zwischen Unterhaltung und dem echten, analogen Leben.

Diese Überlegung war einer der Kerngedanken meines Musiktheaters "NOVA", das 2019 in Dortmund uraufgeführt wurde.[21]

---

[21] http://danksagmueller.com/index.php?article_id=1&clang=1#/sec35

Der Ausgangspunkt dieser Geschichte ist folgender: die Menschheit ist - ganz im Sinne des Futurologen Ray Kurzweil[22] - mit der künstlichen Intelligenz zu einer Einheit, zu einem Supergehirn verschmolzen, das auf bestem Wege ist, alles berechnen und alles vorhersehen zu können. In dieser virtuellen Welt ist alles möglich, jeder kann alles erreichen und vorhersehen. Doch wenn wir uns für nichts mehr anstrengen müssen, wenn wir den Verlauf unseres Lebens sowieso schon kennen, verflüchtigen sich alle Emotionen, wird alles Streben, jede Anstrengung, jede Lebensregung überflüssig, es droht ein Stillstand und der Tod. Das übermächtige System erkennt aber gerade noch rechtzeitig die Gefahr und schafft ein von ihm unabhängiges Wesen - NOVA.

Abb. 2: NOVA - imperfecting perfection

Die allmächtige Künstliche Intelligenz schafft also ein freies, eigenständiges Wesen, das es letztendlich nicht mehr beherrscht, das

---

[22] Kurzweil, Ray (2005): The Singularity Is Near: When Humans Transcend Biology, New York.

unberechenbar reagieren, das System herausfordern und so wieder zu neuen Lebensgeistern verhelfen soll - es ist also eine Art Schöpfungsgeschichte. Auf der Bühne steht NOVA (in Gestalt einer Sängerin), die mit zwei weiteren Figuren im virtuellen Raum (Seth und der Stimme des Systems) sowie musizierenden Algorithmen interagiert.

NOVA muss verschiedene Trainingszyklen durchlaufen, denn sie muss zu einer starken Persönlichkeit heranreifen, um es mit dem System aufnehmen zu können. Sie durchlebt verschiedene menschliche Verhaltensmuster in Form von Sonifikationen[23] von von Menschen generierten Daten. Im Verlauf ihres Trainings verliebt sich NOVA in ihren Partner Seth, doch am Ende zerbricht sie an ihren starken Emotionen. Sie muss in einen neuen Körper "heruntergeladen" werden, ihr Programm ist um viele Erfahrungen reicher geworden und erscheint in einer neuen Hülle als NOVA Nr. 355. So wird deutlich, dass nicht nur NOVA verschiedene Zyklen durchlebt, der ganze Entstehungsprozess einer vom System unabhängigen Persönlichkeit selbst besteht aus vielen Zyklen. Und vermutlich ist dieser Entstehungsprozess, diese Schöpfungsgeschichte wiederum eingebettet in eine unendliche Reihe von verschiedenen größeren Zyklen.

Unsere Umwelt, unser Leben und sogar virtuelle Welten sind endlich, unserer Fantasie jedoch sind scheinbar keine Grenzen gesetzt. Und oft ist es so, dass fantastische Geschichten einen Kern einer möglichen Zukunft in sich tragen. Das ist vielleicht das Aufregendste im Umgang mit Künstlichen Intelligenzen: das, was wir uns vorstellen und was wir in diese Geschöpfe hinein fantasieren. Das wahre Abenteuer findet also in unseren Köpfen statt.

---

[23] Sonifikation („Verklanglichung") ist die Darstellung von Daten in Klängen. Neben der graphischen Darstellung von Daten, die diese visuell zugänglich macht, stellt die Sonifikation damit eine akustische Form der Anschauung dar (https://de.wikipedia.org/wiki/Sonifikation).

Joachim Funke

Was ist Intelligenz?
Die psychologische Sicht

Zusammenfassung

Intelligenz ist ein zentrales Konstrukt der modernen Psychologie, um Unterschiede in der kognitiven Leistungsfähigkeit von Menschen zu beschreiben. Etwas breitere Konzeptionen sehen die Anpassung des Menschen an seine Umwelt und die Gestaltung der Umwelt zu unserem Vorteil als zentrales Element intelligenten Handelns. Es wird ein kurzer Überblick über verschiedene Konzeptionen von Intelligenz gegeben. Auch die „dunkle Seite" der Intelligenz (das zerstörerische Potential) wird angesprochen. Die Besonderheiten menschlicher im Vergleich zu künstlicher Intelligenz werden betont.

Einführung

Intelligenz ist ein Prädikat, mit dem man sich gerne schmückt (oder noch besser: mit dem man von anderen geschmückt wird). Niemand möchte gerne „dumm" oder „töricht" genannt werden, über die Dummheit anderer kann man sich lustig machen. Während in der Antike bereits die Messung von Körperkräften in Form von „Olympischen Spielen" bekannt war, gab es zwar intelligenzfordernde Aufgaben wie das Rätsel der Sphinx, die laut der griechischen Mythologie Theben belagerte und niemanden durchließ, der ihre Frage nicht korrekt beantwortete: „Was ist am Morgen vierfüßig, am Mittag zweifüßig, am Abend dreifüßig?" Nur der kluge Ödipus wusste die Antwort (der Mensch), woraufhin die Sphinx Selbstmord beging und Theben damit gerettet wurde. Aber vergleichbare Geistes-Olympiaden sind nicht entwickelt worden, sieht man von den „Symposien" (Gastmahlen) als Vorformen wissenschaftlicher Konferenzen einmal ab.

Eine Arbeitsdefinition

Es gehört sich in einer guten wissenschaftlichen Arbeit, das zentrale Konstrukt – also in unserem Fall: „Intelligenz" – klar zu definieren. Nun ist das gerade für Intelligenz außerordentlich schwierig wegen des hohen Abstraktionsniveaus der Vorgänge, über die hier zu reden sein soll. Manche wie der Historiker Edwin Boring[1] verweisen daher der Einfachheit halber lieber auf die Messprozedur („operationale Definition" *sensu* Bridgman[2]): „Intelligenz ist das, was der Intelligenztest misst". So korrekt diese Aussage auch ist, so sehr lässt sie den Hörer dieses Satzes doch im Unklaren über das, was gemessen werden soll.

Eine Arbeitsdefinition, akzeptiert von 52 bekannten Intelligenzforschern im Jahr 1994, anlässlich einer Umfrage unter 131 führenden Intelligenzforschern[3] (d.h. 79 Forschende haben *nicht* mitgemacht), lautet folgendermaßen:

> "A very general mental capability that, among other things, involves the ability to reason, plan, solve problems, think abstractly, comprehend complex ideas, learn quickly and learn from experience. It is not merely book learning, a narrow academic skill, or test-taking smarts. Rather, it reflects a broader and deeper

---

[1] Boring 1923.
[2] Bridgman 1927.
[3] "Mainstream science on intelligence", Wall Street Journal, December 13, 1994, A18.

capability for comprehending our surroundings—‚catching on‘, ‚making sense‘ of things, or ‚figuring out‘ what to do."

Da ist viel Inhalt drin: Denken, Planen, Problemlösen, Lernen, Verstehen. Im Grunde all das, was die moderne Kognitionsforschung als „höhere" kognitive Prozesse bezeichnet (im Unterschied zu dem „einfachen" Prozess der Wahrnehmung).

Historisches

Bereits Aristoteles (384-322 v.C.) könnte den Vergleich von Tier- und Menschphysiognomien für aussagekräftig in Hinblick auf die geistige Leistungsfähigkeit gehalten haben (vgl. Abbildung 1; die "Physiognomonica" aus dem "Corpus Aristotelicum" sind ihm jedoch nicht sicher zuzuschreiben).

Abb. 1: Vergleichende physiognomische Studie von Tier- und Menschenköpfen, von Johann Heinrich Wilhelm Tischbein 1790 (Kunsthalle Hamburg)[4]

---

[4] Quelle: https://www.hamburger-kunsthalle.de/sammlung-online/johann-heinrich-wilhelm-tischbein/vergleichende-physiognomische-studie-von-tier-und

Die Deutung der Wesensart aus den Gesichtszügen fand im 17. und 18. Jahrhundert einen Höhepunkt in Form von einflussreichen Schriften von Giambattista della Porta (1525-1615) und Johann Caspar Lavater (1741-1801).

Franz Joseph Gall (1758-1828) vermutete Beziehungen zwischen der Kopfform und geistigen Eigenschaften. Dies war die Geburtsstunde der „Phrenologie" (Schädellehre; vgl. Abbildung 2), eine Bezeichnung, die William Uttal in seinem Buch „The new phrenology"[5] aufgriff, um die damaligen Versuche einer Kartierung des Gehirns mittels bildgebender Verfahren zu hinterfragen (siehe dazu auch[6]).

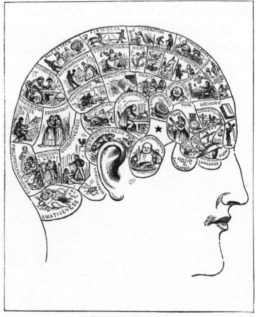

Phrenological Chart of the Faculties.

Abb. 2: Der „symbolische Kopf" mit lokalisierten psychischen Instanzen[7]

---

[5] Uttal 2001.
[6] Werbik und Benetka 2016.
[7] Quelle: https://commons.wikimedia.org/w/index.php?curid=6693422

Sir Francis Galton (1822-1911) war der Überzeugung, dass hohe Reaktionsgeschwindigkeit ein Zeichen von Intelligenz sei. Zugleich hat er Erblichkeitsstudien durchgeführt und rassistische Vorstellungen vorgetragen, die ihn vor lauter Begeisterung dazu führten, aus seinem eigenen Vermögen eine Professur für Eugenik an der University of London einzurichten, die auf seinen Wunsch hin im Jahr 1911 mit dem Statistiker Karl Pearson besetzt wurde (vielen bekannt wegen des Pearson-Korrelationskoeffizienten). Pearson war von 1926 bis 1933 acht Jahre lang Herausgeber der „Annals of Eugenics" (heute: „Annals of Human Genetics"), einem damals umstrittenen Journal, in dem über Rassenunterschiede und Erblichkeit geschrieben wurde. Die „nature-nurture"-Kontroverse (also die Frage, ob Intelligenz angeboren sei – „nature" - oder durch Erziehung – „nurture" - gefördert würde) fand mit dem Buch von Herrnstein und Murray[8] einen unsäglichen Höhepunkt, der im deutschsprachigen Bereich nur noch von Sarrazin[9] überboten wurde und einen rassistischen Unterschied in der „Volksintelligenz" behauptet, der durch nichts gerechtfertigt erscheint.

Klassische Theorien der Intelligenz

Zu Beginn des 20. Jahrhunderts sind die ersten Theorien der Intelligenz entstanden, die wir heute als Klassiker betrachten. Fünf bedeutende Persönlichkeiten sollen nachfolgend kurz vorgestellt werden, die bis heute als einflussreiche Gestalter unserer modernen Intelligenztheorien angesehen werden. Diese fünf Personen sind (1) Alfred Binet (globale Intelligenz und deren Diagnostik), (2) Lewis Terman (IQ und der Stanford-Binet-Test), (3) Charles Spearman (die Zwei-Faktoren-Theorie), (4) Louis L. Thurstone (die The-

---

[8] Herrnstein und Murray 1994.
[9] Sarrazin 2010.

orie der „primary mental abilities") sowie (5) David Wechsler (ein pragmatischer Kompromiss).

Alfred Binet (1857-1911) hat im Auftrag des Pariser Bildungsministeriums zusammen mit Theophile Simon (1905) über die Entwicklung des ersten „Intelligenztests" berichtet, um geistig behinderte Kinder in den Schulklassen aufzufinden. Ihr Messverfahren bestand aus 30 verschiedenen Tests, diese wurden 1908 revidiert und bereits 1916 als Stanford-Binet-Test in den USA weiterentwickelt von Lewis Terman (s.u.). In diese Zeit fällt auch die erstmalige Erwähnung des Begriffs IQ. Der Intelligenz-Quotient (IQ) nach William Stern[10] ist als Verhältnis von Intelligenzalter zu Lebensalter mal Hundert ($IQ=IA/LA*100$) definiert. Alfred Binet hat mit seiner Testentwicklung entscheidende Fortschritte der Intelligenz-Diagnostik eingeleitet und Standards gesetzt, die bis heute Gültigkeit haben (siehe dazu auch[11]). Dazu zählen insbesondere die Reliabilitätssteigerung (=Steigerung der Messgenauigkeit) durch Mehr-Item-Messung; eine systematische Schwierigkeitsstaffelung; die Standardisierung von Instruktion, Durchführung und Auswertung; eine Test-Normierung durch Vergleich mit verschiedenen Altersgruppen; eine ausgeprägte Verhaltensorientierung, in der Leistung zählt, nicht subjektives Einschätzen einer Leistung; und last but not least die Überzeugung, dass das Testergebnis nicht die einzige Grundlage der Beurteilung sein darf.

Lewis Terman (1877-1959) hat den Binet-Simon-Test in die USA eingeführt. Im Lichte der Erfordernisse des Ersten Weltkriegs (Auswahl intelligenten Militärpersonals zur Bedienung der damals noch sehr fehleranfälligen Militär-Technologie) entwickelt er das Original weiter zum sog. „Army Alpha"-Test, der erstmals massenhaft zum Einsatz kam und damit einen enormen Aufschwung der Intelligenzdiagnostik einleitete. Terman startete zudem eine erste Längsschnitt-Studie mit Hochbegabten (das Stanford Genius Projekt; die Teilnehmenden wurden „Termiten" genannt): Im Jahre 1921

---

[10] Stern 1912.
[11] Funke 2006.

wurden 1528 begabte 12jährige Jugendliche mit einem IQ größer als 140 erstmals erfasst, dann immer wieder erneut (1928, 1936, 1940, 1945, 1950, 1955, 1960) getestet. Im Jahr 2003 lebten noch 200 Personen des Ursprung-Jahrgangs 1909. Über die Hälfte seiner Hochbegabten machte einen College-Abschluss (damals normal war das nur für 8% eines Jahrgangs), dennoch zog er im Rückblick auf 25 Jahre Längsschnitt das für ihn ernüchternde Fazit: „At any rate, we have seen that intellect and achievement are far from perfectly correlated."[12]

Charles Spearman (1863-1945) hat bereits im Jahr 1904 eine „Zwei-Faktoren-Theorie" vorgestellt: Neben einem Generalfaktor g,[13] der überall beteiligt ist, sind immer noch spezifische Faktoren s (z.B. Rechenfähigkeiten oder sprachliche Fähigkeiten) an einer Testaufgabe beteiligt. Grundlage seiner Theorie war die damals neuartige Methode der Korrelationsrechnung, später die der Faktorenanalyse. Wichtig war ihm die komplementäre Natur von g und s: g kann nicht trainiert werden, s dagegen sehr wohl; g repräsentiert „noegenetic processes" (=Verstehensprozesse) im Unterschied zu sensorischen und motorischen Prozessen.

Louis L. Thurstone (1887-1955) hat in seinem Buch von 1938 das Modell mehrerer gemeinsamer Faktoren („primary mental abilities", PMA) vorgestellt. Er hielt g für ein statistisches Artefakt. Intelligentes Verhalten ergibt sich für ihn aus dem Zusammenwirken mehrerer unabhängiger Faktoren (der sieben Primärfähigkeiten): (1) Verbales Verständnis, (2) Wortflüssigkeit, (3) Schlussfolgerndes Denken, (4) Räumliches Vorstellungsvermögen, (5) Merkfähigkeit, Gedächtnis, (6) Rechenfähigkeit, Zahlenverständnis, (7) Wahrnehmungsgeschwindigkeit, Aufmerksamkeit.

---

[12] Terman und Oden 1947.

[13] Die Abkürzung g (für „general intelligence") hat sich als Kürzel durchgesetzt. Böse Zungen behaupten, g sei für die Psychologie das, was der Kohlenstoff für die Chemie sei (Ree und Earles 1993).

David Wechsler (1896-1981) führte 1932 den IQ als Abweichungsquotienten ein, da bei Erwachsenen der IQ als Verhältnis von Intelligenzalter zu Lebensalter (IQ=IA/LA*100) wegen des ständig wachsenden Alters nicht sinnvoll ist (bei gleicher Leistung sinkt der IQ mit steigendem Alter). Der Abweichungsquotient führt den Bezug auf eine Normalverteilung der entsprechenden Altersgruppe ein, mit einem Mittelwert von 100 und einer Standardabweichung von 15. Die von Wechsler entwickelte umfängliche Testbatterie unterscheidet zwischen Verbal-IQ und Handlungs-IQ (vgl. Tabelle 1); sie wird ständig revidiert und ist bis heute im Einsatz unter der Bezeichnung „Hamburg-Wechsler Intelligenztest für Erwachsene (HAWIE-R)" bzw. „Hamburg-Wechsler Intelligenztest für Kinder (HAWIK-R)".

Tabelle 1: Testaufgaben aus dem Verbal- und dem Handlungsteil des HAWIE von David Wechsler

Wechsler-Test: Verbalteil	Wechsler-Test: Handlungsteil
Allgemeines Wissen: 24 Fragen mit ansteigender Schwierigkeit. Der Test wird abgebrochen, wenn der Proband fünf aufeinander folgende Aufgaben nicht oder falsch beantwortet hat.	**Bilder ergänzen**: 17 Bildvorlagen, auf denen jeweils ein bedeutsames Teil fehlt. Wenn der Proband drei aufeinander folgende Fragen innerhalb von 20 Sekunden nicht oder falsch beantwortet hat, wird der Test abgebrochen.
Zahlennachsprechen: 7 Ziffernreihen, deren Ziffernzahl um je eine ansteigt. In einem zweiten Durchgang sollen Ziffernreihen in umgekehrter Reihenfolge nachgesprochen werden. Versagt der Proband zwei mal bei derselben Ziffernreihe wird der Testteil abgebrochen.	**Bilder ordnen**: Zehn Serien von Bildern (Kärtchen), die kleine Geschichten darstellen, sind jeweils logisch richtig zu ordnen. Wenn vier Aufgaben in Folge nicht gelöst wurden, wird dieser Test abgebrochen.
Wortschatztest: 32 Wörter mit ansteigender Schwierigkeit sind nacheinander zu erläutern, die Bedeutung der Wörter zu erklären, Liste mit verschiedenen Antwortmöglichkeiten im Handbuch ermöglicht die Bewertung. Nach fünf falsch oder nicht beantworteten Fragen wird der Test abgebrochen.	**Mosaiktest**: 9 mehrfarbige Würfel. Die Seiten der Würfel sind entweder einfarbig oder bestehen aus 2 farbigen Flächen, die durch die Diagonale der Eckpunkte getrennt sind, und 9 Kärtchen mit Mustern, die mit den Würfeln nachgebaut werden sollen. Die nachzubauenden Muster haben ansteigende Schwierigkeitsgrade und damit unterschiedliche Zeitgrenzen, innerhalb derer die Aufgaben zu lösen sind. Nach drei Fehlversuchen in Folge wird dieser Test abgebrochen.

Rechnerisches Denken: 14 Aufgaben mit anwachsendem Schwierigkeitsgrad in Form von Schlussrechnungen. Mit einer Zeitgrenze von 120 Sekunden müssen die Aufgaben im Kopf gelöst werden. Dieser Test wird abgebrochen, wenn drei Aufgaben innerhalb der angegebenen Zeitgrenzen nicht gelöst wurden.	**Figurenlegen**: 4 einfache Puzzles mit asymmetrischen Teilen, die jeweils möglichst schnell zu einer Figur (Mann, Profil eines Kopfes, Hand, Elefant) zusammengesetzt werden müssen. Gemessen wird die benötigte Zeit.
Allgemeines Verständnis: 13 Fragen mit ansteigender Schwierigkeit. Richtige Antwortmöglichkeiten im Anhang des Handbuches. Nach vier falschen oder unbeantworteten Aufgaben in Folge wird der Test abgebrochen.	**Zahlen-Symbol-Test**: Zahlen von 1 - 9 sind je einem Symbol zugeordnet. Der Proband lernt zunächst die Zuordnung und ergänzt dann aus einer Tabelle von 100 Ergänzungsfeldern so schnell wie möglich das jeweils dazugehörige Symbol. Nach 90 Sekunden wird der Test abgebrochen. Die Auswertung erfolgt mittels einer Schablone.
Gemeinsamkeiten finden: zu 2 vorgegebenen Begriffen die Gemeinsamkeit (Oberbegriff) zu benennen. Antwortmöglichkeiten im Handbuch. Der Test wird nach vier falsch oder nicht beantworteten Fragen in Folge abgebrochen.	

Moderne Theorien der Intelligenz

Auch moderne Theorien der Intelligenz sind zahlreich formuliert worden – und es gibt gute Übersichten dazu, so dass ich hier lieber darauf verweisen möchte als diese Theorien erneut auszubreiten.[14]

Einen Ansatz möchte ich allerdings noch erwähnen, der eine gewisse Verbreitung gefunden hat: Howard Gardner[15] hat mit seiner Annahme von multiplen (zunächst sieben, inzwischen neun) eigenständigen „Intelligenzen" Aufmerksamkeit erregt: (1) sprachlich-linguistische Intelligenz: z.B. Sprachverstehen, Schreiben, Reden und Lesen; (2) logisch-mathematische Intelligenz; (3) bildlich-räumliche Intelligenz: z.B. Lesen einer Landkarte, Verstauen von Koffern; (4) musikalische Intelligenz: z.B. Spielen eines Instruments, Komposition eines Stücks; (5) motorische Intelligenz: z.B.

---

[14] Sternberg 2018; Sternberg und Kaufman 2011; Wilhelm und Schroeders 2019.
[15] Gardner 1993.

Kontrolle der Körperbewegungen, z.B. Tanz und Sport; (6) intra-personale Intelligenz: Fähigkeit, mit sich selbst (intra-personal) umzugehen; (7) interpersonale Intelligenz: Fähigkeit, mit anderen Menschen umzugehen („Soziale Intelligenz"); (8) naturalistische Intelligenz im Sinne eines besonderen Bezugs zur Natur; (9) spiri-tuelle, „existentielle" Intelligenz im Sinn von Weisheit und Trans-zendenz. Abbildung 3 illustriert diese verschiedenen „Intelligen-zen" und benennt auch jeweils prominente Vertreter des jeweiligen Typs.

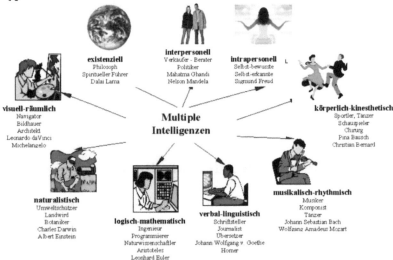

Abb. 3: Illustration der multiplen Intelligenzen
nach Howard Gardner[16]

Gardner gibt als Gründe für die Annahme eigenständiger „Intelli-genzen" eine umfangreiche Kriterienliste an: potentielle Isolierung einer speziellen Hirnstruktur, z.B. durch Hirnschäden; Existenz außergewöhnlicher Begabungen; identifizierbare Kernfunktion von Menschen; charakteristische Individualgeschichte; evolutionäre

---

[16] Quelle: https://open-mind-akademie.de/hochbegabung/theorie-der-multiplen-intelligenz/

Plausibilität; Stützung durch Daten aus der Experimentalpsychologie; Stützung durch Daten aus der Psychometrie; geeignet für die Codierung in einem Symbolsystem (z.B. die Systeme der Noten, Buchstaben, Zahlen). Das schließt z.B. eine „Schachintelligenz" aus, da ihr etwa eine evolutionäre Plausibilität fehlt.

Die heute am meisten verbreitete Konzeption ist die von Cattell, Horn und Carroll entwickelte Theorie (CHC-Modell genannt).[17] Danach ist ein dreischichtiges Schema mit einer einzigen allgemeinen kognitiven Fähigkeit („g") auf der dritten (obersten) Schicht ("Stratum" genannt), acht Fähigkeiten auf dem zweiten Stratum und etwa sechsundsechzig Fähigkeiten auf dem ersten (untersten) Stratum anzunehmen.[18] Zu den Fähigkeiten des zweiten Stratums gehörten fluide (Gf) und kristalline Intelligenz (Gc), Gedächtnis, Visualisierung und einige andere Merkmale. Zu den Fähigkeiten des ersten Stratums innerhalb der Kategorie der fluiden Fähigkeiten Gf gehören induktives, sequentielles (deduktives), quantitatives und Piagetsches Schlussfolgern. Andere Faktoren des zweiten Stratums wurden in ähnlicher Weise in engere Primärfaktoren aufgeteilt. Abbildung 4 zeigt die Entwicklung der verschiedenen Intelligenztheorien und deren Kulmination im kombinierten CHC-Modell nach Cattell[19], Horn[20] und Carroll[21].

Im zweiten Stratum sind z. B. drei der acht Faktoren Geschwindigkeitsfaktoren. Dazu gehört ein *Verarbeitungsgeschwindigkeitsfaktor*, der durch Reaktionszeit-Aufgaben und andere zeitlich begrenzte Aufgaben (z.B. Synonymvergleiche für häufige Wörter) gemessen wird. Ein separater breiter *kognitiver Geschwindigkeitsfaktor* wird durch Tests zur numerischen Fähigkeit (z.B. einstellige Additionsaufgaben) und zur Wahrnehmungsgeschwindigkeit (z.B. Buchstaben-Bild-Zuordnung) gemessen, sowie allgemeine Fakto-

---

[17] McGrew 2005; Schneider und McGrew 2012.
[18] Carroll 1993.
[19] Cattell 1963.
[20] Horn 1976.
[21] Carroll 1993.

ren zur Testgeschwindigkeit (z.B. die Anzahl der angekreuzten Items innerhalb eines Zeitlimits).

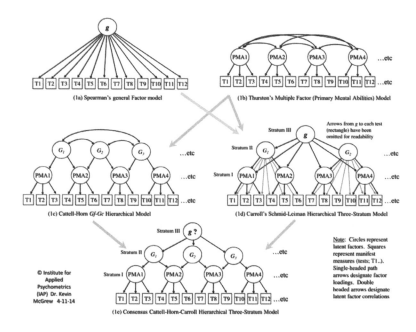

Abb. 4: Die Entwicklung des CHC-Modells mit seinen drei Schichten (1e), hergeleitet aus Spearmans Generalfaktor-Modell (1a), Thurstones Vorstellung der „primary mental abilities" (PMA; 1b), der Cattell-Horn-Annahme fluider und kristalliner Intelligenz (1c) und dem hierarchischen Drei-Schichten-Modell (1d), mit Kreisen als latenten und Vierecken als manifesten Variablen (Tests T1 ... Tn)[22]

Der dritte Faktor des zweiten Stratums ist ein breiter Faktor Gedächtnis, der vor allem durch Fluency-Tests („Flüssigkeit") gemessen wird. Beispiele für Fluency-Tests sind solche, bei denen ein Proband z.B. 2 Minuten Zeit hat, um „alle 4-Buchstaben-Wörter aufzulisten, die Ihnen einfallen und die mit B beginnen und mit T

---

[22] Quelle: Institute for Applied Psychometrics IAP, Dr. Kevin McGrew, 4-11-2014.

enden" oder „schreiben Sie so viele Synonyme wie möglich für das Wort 'gut' auf". – Die „breiten" Fähigkeiten auf Stratum 2 sind in der Zusammenschau im Einzelnen wie folgt benannt: Gc – crystallized intelligence, Gf – fluid intelligence, Gs – processing speed, Gt – reacting or decision making speed, Gsm – short-term or immediate memory, Glr – long-term memory storage and retrieval, Grw – reading and writing abilitym, Gq – quantitative reasoning, Gv – visual processing, Ga – auditory processing.

Messtechnisches

Der Intelligenztest ist wohl eines der erfolgreichsten Produkte auf dem Markt verkäuflicher Psycho-Waren. Ganze Industrien (Testverlage wie z.B. die international operierenden Firmen „Educational Testing Service", „Hogrefe Publishing", „Pearson Assessments" oder „Schuhfried") leben davon. Dessen ungeachtet darf die Frage gestellt werden, ob (und wenn ja wie) psychische Merkmale wie z.B. das Konstrukt „Intelligenz" gemessen werden können, analog zu einer Messung von Kraft in der Physik.[23]

Dass seit über 100 Jahren die Begabungsdiagnostik immer weiter perfektioniert wurde und der IQ-Test daher das am längsten optimierte Messinstrument in der Psychologie darstellt, ist Segen und Fluch zugleich: Segen deswegen, weil die Mess-Präzision eine enorm hohe Qualitätsstufe erreicht hat; Fluch deswegen, weil wir seit über 100 Jahren den einmal gewählten Aufgabensatz zwar schrittweise optimiert haben, eine „Runderneuerung" des Mess-Ansatzes aber versäumt wurde. Dies leitet über zur Kritik an den vorliegenden Messverfahren.

---

[23] Gould 1996.

Kritik an bisherigen Messverfahren

Die Kritik an den vorliegenden Messverfahren macht sich an folgenden Punkten fest: (a) Es handelt sich oft um Rätselfragen; (b) alle relevanten Informationen stehen auf einem Silbertablett zur Verfügung; (c) es gibt nur eine einzige richtige Lösung; (d) die Aufgaben besitzen keine zeitliche Dimension, man muss nicht mit den Konsequenzen von Entscheidungen weiterarbeiten; (e) erfasst wird vor allem analytische Intelligenz – es fehlt die Erfassung von sozialen und emotionalen Fähigkeiten, die unter dem Stichwort „soziale" und „emotionale" Intelligenz gefasst werden.

Mit anderen Worten: Intelligenztests seien „insgesamt zu wenig komplex" – so formuliert es knapp und kompakt der Literat Hans Magnus Enzensberger in einem lesenswerten Essay mit dem schönen Titel „Im Irrgarten der Intelligenz. Ein Idiotenführer"[24] (ähnlich testkritisch übrigens auch Sternberg[25]).

Noch eine weitere Schiene der Kritik soll hier angeführt werden, die vom amerikanischen Intelligenzforscher Robert Sternberg in neuerer Zeit lebhaft vertreten wird: „The Dark Side of Intelligence" oder die Selbst-Destruktions-Hypothese. Sternberg sieht die dunkle Seite der Intelligenz dort: „ ... if a person's creative, analytical, or practical skills are used for dark ends ...."[26] Er vertritt die *Selbst-Destruktions-Hypothese*: Nach bisherigem Standard als „intelligent" geltende Personen (also eigentlich: „kluge Köpfe") richten die Menschheit zugrunde. Aus diesem Grund hält er „adaptive" Intelligenz (i.S. kollektiver Bemühungen) für wichtiger als „allgemeine" Intelligenz (i.S. individueller – egoistischer – Überlebenssicherung).[27]

Das Konzept von Intelligenz weist durchaus eine Nähe zum Konzept von Weisheit auf, ein Konzept, das in herkömmlichen IQ-

---

[24] Enzensberger 2007.
[25] Sternberg 2016.
[26] Sternberg 2019.
[27] Sternberg 2021.

Tests nicht adressiert wird. Weisheitsmerkmale, die zu berücksichtigen wären, sind z.b. Lebenserfahrung, Perspektivenvielfalt, Selbstreflexion, Wissen über ein „gutes" Leben sowie Wissen über die fundamentale Pragmatik des menschlichen Lebens.[28] Um diese Merkmale adäquat zu erfassen, bräuchte es völlig andere Messzugänge als bisher praktiziert.

Eine weitere mögliche Alternative zur Erfassung intelligenten Handelns (und damit eine mögliche Alternative zum IQ-Test) besteht in der Leistungs- und Verhaltensmessung beim zielführenden Handeln in computersimulierten Szenarien. Dieser Gedanke ist entstanden als Reaktion auf das seit den 1970er Jahren spürbare Unbehagen mit IQ-Tests (zu wenig realitätsnah, kaum Validität im Alltag) auf Vorschlag von Dietrich Dörner (Bamberg): die Verwendung von computersimulierten Szenarien zur Erfassung „komplexen Problemlösens", also dem Umgang mit Unsicherheit in komplexen Situationen.[29]

Begünstigt wurde dieser Plan durch die Verfügbarkeit von Großrechnern zunächst in Rechenzentren, später (als Kleinrechner) in psychologischen Laboratorien; damit konnten kontrollierte Anforderungen in Form von Simulationsmodellen geschaffen werden, in denen sich Testpersonen als handelnde Akteure (Manager, Bürgermeister, Entwicklungshelfer) bewähren mussten. Eine der offenen Fragen war: In welchem Verhältnis stehen Intelligenz und das Lösen komplexer Probleme?[30] Die Antwort der Dörner-Gruppe war klar: in keinem![31] Natürlich gab es Widerspruch dazu.[32] Der Streit zwischen beiden Seiten ist durch zwei unterschiedliche Perspektiven charakterisiert: Während Intelligenzforschung eher *strukturbezogen* argumentiert, ist die Forschung zum komplexen Problem-

---

[28] Baltes und Smith 2008; Fischer 2015; Glück 2019.
[29] Dörner 1981.
[30] Putz-Osterloh 1981.
[31] Dörner u.a. 1983.
[32] Funke 1983; Hörmann und Thomas 1989; Kretzschmar u.a. 2016.

lösen eher *prozessbezogen* ausgerichtet. Die aktuelle Position findet sich bei Dörner und Funke beschrieben.[33]

Die fünf Eigenschaften eines komplexen Problems zeigen die Nähe zu lebensechteren Anforderungen, als sie im Intelligenztest erfasst werden. Zu nennen sind (1) Komplexität (= ein zu verstehendes System besteht aus sehr vielen verschiedenen Variablen; Konsequenz: Die Verarbeitungskapazität des Problemlösers wird überschritten, daher besteht die Notwendigkeit der Informationsreduzierung), (2) Vernetztheit (= die beteiligten Variablen sind untereinander stark vernetzt; Konsequenz: Der Problemlöser muss die (wechselseitigen) Abhängigkeiten zwischen den beteiligten Variablen berücksichtigen, daher besteht die Notwendigkeit zur Modellbildung und Informationsstrukturierung), (3) Eigendynamik (= das fragliche System entwickelt sich auch ohne Zutun des Akteurs weiter; Konsequenz: Es steht nur begrenzt Zeit zum Nachdenken zur Verfügung, daher besteht die Notwendigkeit rascher Entscheidungen aufgrund oberflächlicher Informationsverarbeitung), (4) Intransparenz (= die Informationen, die der Akteur für seine Entscheidungen braucht, sind nicht vollständig zugänglich, z.T. aus prinzipiellen Gründen, z.T. aus Zeitgründen; Konsequenz: Es besteht die Notwendigkeit aktiver Informationsbeschaffung), (5) Polytelie (= Vielzieligkeit; d.h. es ist nicht nur ein Kriterium zu optimieren, sondern es müssen viele, gelegentlich einander widersprechende Bedingungen beachtet werden; Konsequenz: Der Problemlöser muss eine differenzierte Zielstruktur mit Regeln zur Konfliktlösung aufbauen und es besteht die Notwendigkeit mehrdimensionaler Informationsbewertung).

Diese Konzeption komplexer Probleme lag der internationalen PISA-Studie im Jahr 2012 zugrunde,[34] die das Problemlösepotential 15jähriger Schülerinnen und Schüler aus 67 Nationen erfassen sollte.[35] Da es politisch nicht erwünscht war, in diesem Kontext von

---

[33] Dörner und Funke 2017.
[34] OECD 2014.
[35] siehe im Detail Ramalingam u.a. 2017.

„Intelligenz" zu sprechen (das Konzept klingt unveränderlich), wurde lieber von (trainierbaren) kognitiven Kompetenzen gesprochen.

Im Umgang mit komplexen Problemen, die in computersimulierten Szenarien aufgeworfen werden, kommen die drei Intelligenzarten, die nach Robert Sternberg für den Lebenserfolg (im Sinne einer „Erfolgsintelligenz") nötig sind, zum Vorschein: (a) *kreative* Intelligenz, um die wirklich wichtigen Probleme aufzuspüren; (b) *analytische* Intelligenz, um diese Probleme zu lösen; sowie (c) *praktische* Intelligenz, um die gefundenen Problemlösungen auch anzuwenden und im sozialen Kontext durchzusetzen.[36]

Künstliche und menschliche Intelligenz

Ein von der Öffentlichkeit mit großer Spannung verfolgter Aspekt betrifft den (vermeintlichen) Wettlauf zwischen natürlicher (menschlicher) und künstlicher (maschineller) Intelligenz. Die Frage steht im Raum: Wann übernimmt die KI mit ihrer Superintelligenz die Weltherrschaft? Der amerikanische Autor Ray Kurzweil (seit 2012 Leiter der Technik-Abteilung bei Google) hat diesen Punkt in seinem Buch „The singularity is near"[37] als „Technologische Singularität" bezeichnet, als Wendepunkt der Geschichte, von dem ab die Menschheit Unsterblichkeit erreichen kann.

Was sind die Stärken künstlicher Systeme? Maschinelle Systeme punkten bei speziellen (gut definierten) Anforderungen (wie z.B. Schach oder Go – nicht aber beim Nahost-Problem); bei Mustererkennung (wie z.B. Unterschriften – nicht aber beim Erkennen des Schwarzen Melanoms auf dunkler Haut); sie glänzen durch hohe Geschwindigkeit und rasches Lernen (Lernen durch die Ver-

---

[36] Sternberg 1998.
[37] Kurzweil 2005.

arbeitung großer Datenmengen, nicht durch Einsicht). Was sind im Vergleich dazu die unübertroffenen Stärken von Menschen?

Umgang mit Unsicherheit und mit Neuem. Phantasie und Spiel. Witz und Ironie. Lachen: Interessanterweise lachen künstliche Systeme nicht. Menschen besitzen im Unterschied zu Maschinen das Merkmal der Sterblichkeit und darüber hinaus die prinzipielle Fähigkeit zum Selbstmord – ich kenne kein maschinelles System, das sich selbst den Stecker herauszieht. Auch die Fortpflanzung erfolgt unterschiedlich: Maschinen-Sex „erzeugt" nichts Neues. Kultur und Geschichte machen zudem Menschen aus. Schließlich der gesamte Komplex, der sich um die Begriffe „Bewusstsein, Freiheit, freier Wille" dreht. Man könnte grobschlächtig sagen: Menschen *handeln*, Maschinen führen aus. Deswegen halte ich es auch für falsch, wenn KI-Systeme (wie z.B. die Software für selbstfahrende Autos) mit sogenannter „Ethik" ausgestattet werden (lieber alte Menschen als Kinder überfahren). Das ist natürlich keine Ethik – es handelt sich um vorprogrammierte Entscheidungsregeln, die selbstfahrende Autos benötigen, aber ein Satz Regeln macht noch keine Ethik.[38]

Dass die Techniken des maschinellen Lernens längst zu Produkten geführt haben, die angeblich „intelligent" die Kreditwürdigkeit einer Person oder dessen „Rückfallrisiko" für Straftaten beurteilen, zeigt nur ein Problem unserer Gesellschaft auf, sich Entscheidungen zu entziehen, für die Menschen die Verantwortung übernehmen sollten. Längst gibt es Forderungen, solche Art von KI nicht mehr zu akzeptieren.[39]

Als kleines Amüsement zur Leistungsfähigkeit der KI, Texte zu generieren: Ich habe der Text-generierenden KI „GPT-2"[40] den ersten Satz dieses Artikels als Input gegeben (auf Englisch: „Intelligence is a predicate with which one likes to adorn oneself (or even better: with which one is adorned by others). Nobody likes to be

---

[38] Ethik zeigt sich oft erst im Regelverstoß (z.B. beim Tyrannenmord).
[39] Rudin 2019.
[40] online verfügbar z.B. unter https://transformer.huggingface.co.

called 'stupid' or 'foolish'; the stupidity of others can be made fun of.") und die Software gebeten, den Textanfang fortzusetzen. Daraufhin kam folgender Vorschlag als Output des KI-Systems: "Intelligence is the ability to recognize the fact that someone is acting in a certain way, in particular, when such actions result in consequences that are unpredictable." (auf deutsch etwa: „Intelligenz ist die Fähigkeit, die Tatsache zu erkennen, dass jemand in einer bestimmten Weise handelt, insbesondere, wenn diese Handlungen zu Konsequenzen führen, die nicht vorhersehbar sind"). Klingt wie ein richtiger Satz, aber ist natürlich Nonsens. Keine Bedrohung für Autoren, wohl aber für Herausgeber wissenschaftlicher Zeitschriften: Die ersten computergenerierten „wissenschaftlichen" Texte sind in Konferenz-Bänden abgedruckt worden und mussten kürzlich zurückgezogen („retracted") werden.[41]

Erinnern muss man an Isaac Asimovs drei Gesetze der Robotik, die klar machen, dass Roboter den Menschen untergeordnet sind:[42]

1. Ein Roboter darf einem Menschen weder Schaden zufügen noch durch Untätigkeit zulassen, dass ein Mensch zu Schaden kommt.

2. Ein Roboter muss den Befehlen der Menschen gehorchen, außer solchen Befehlen, die ihn in Konflikt mit dem ersten Gesetz bringen.

3. Ein Roboter muss seine Existenz verteidigen, solange er dabei nicht in Konflikt mit dem ersten und zweiten Gesetz gerät.

Das ist ein Satz an Regeln, den wir immer wieder in Erinnerung rufen sollten, wenn von bestimmten Kreisen behauptet wird (siehe oben)[43], dass intelligente Maschinen eines Tages die Weltherrschaft übernehmen könnten – ich sehe das nicht.

---

[41] Siehe den Beitrag auf „Retraction Watch" vom 17.2.2021: https://retractionwatch.com/2021/02/17/publisher-retracting-five-papers-because-of-clear-evidence-that-they-were-computer-generated/
[42] Asimov 1950.
[43] Kurzweil 2005.

Abschließendes

Das Konstrukt der Intelligenz erfüllt in unserer modernen Leistungsgesellschaft eine wichtige Selektionsfunktion. Deswegen werden wir so schnell nicht davon loslassen können. Allerdings können wir dafür sorgen, dass das bislang schmale Verständnis von Intelligenz als Indikator primär analytischer (und egoistischer) Fähigkeit durch ein breiteres Verständnis ersetzt wird, das auf den adaptiven Vorteil unserer Spezies als Ganzer abhebt („adaptive Intelligenz" im Sinn von Robert Sternberg). Die bisher gute Prädiktionskraft von g in Hinblick auf die Ausprägung anderer psychologischer Variablen muss dabei ja nicht verloren gehen.[44]

Danksagung

Für Kommentare und Anmerkungen zu einer Vorfassung danke ich Dr. Marlene Endepohls herzlich.

Literatur

Asimov, I. (1950): I, robot, New York.

Baltes, Paul B. / Smith, Jacqui (2008): The fascination of wisdom: Its nature, ontogeny, and function, in: Perspectives on Psychological Science Band 3, Heft 1, 56–64.

Binet, Alfred / Simon, Theodore (1905): Méthodes nouvelles pour le diagnostic du niveau intellectuel des anormaux, in: L'Année Psychologique, Band 11, 191–244.

Boring, Edwin G. (1923): Intelligence as the tests test it, in: New Republic Band 36, 35–37.

Bridgman, Percy Williams (1927): The logic of modern physics, New York.

Carroll, John B. (1993): Human cognitive abilities: A survey of factor-analytic studies, Cambridge.

---

[44] Stern und Neubauer 2016.

Cattell, Raymond B. (1963): Theory of fluid and crystallized intelligence: A critical experiment, in: Journal of Educational Psychology, Band 54, 1–22.

Dörner, Dietrich (1981): Über die Schwierigkeiten menschlichen Umgangs mit Komplexität, in: Psychologische Rundschau, Band 32, 163–179.

Dörner, Dietrich / Funke, Joachim (2017): Complex problem solving: What it is and what it is not, in: Frontiers in Psychology, Band 8, 1153.

Dörner, Dietrich / Kreuzig, Heinz W / Reither, Franz / Stäudel, Thea (1983): Lohhausen: Vom Umgang mit Unbestimmtheit und Komplexität, Bern u.a.

Enzensberger, Hans Magnus (2007): Im Irrgarten der Intelligenz. Ein Idiotenführer, Frankfurt a.M.

Fischer, Andreas (2015): Wisdom—The answer to all the questions really worth asking, International Journal of Humanities and Social Science, Band 5, Heft 9, 73–83.

Funke, Joachim (1983): Einige Bemerkungen zu Problemen der Problemlöseforschung oder: Ist Testintelligenz doch ein Prädiktor?, in: Diagnostica, Band 29, 283–302.

Funke, Joachim (2006): Alfred Binet (1857 bis 1911) und der erste Intelligenztest der Welt, in: Lamberti, Georg (Hrsg.): Intelligenz auf dem Prüfstand—100 Jahre Psychometrie, Göttingen, 23–40.

Gardner, Howard (1993): Multiple intelligences: The theory in practice, New York.

Glück, Judith (2019): Wisdom, in Sternberg, Robert J. / Funke, Joachim (Hrsg.): The psychology of human thought, Heidelberg, 307–326.

Gould, Stephen Jay J. (1996): The mismeasure of man (revised and expanded), New York, London.

Herrnstein, Richard J. / Murray, Charles (1994): The Bell curve: Intelligence and class structure in American life, New York.

Hörmann, Hans-J. / Thomas, Michael (1989): Zum Zusammenhang zwischen Intelligenz und komplexem Problemlösen, in: Sprache & Kognition, Band 8, 23–31.

Horn, John L. (1976): Human abilities: A review of research and theory in the early 1970s, in: Annual Review of Psychology, Band 27, Heft 1, 437–485.

Kretzschmar, André / Neubert, Jonas C. / Wüstenberg, Sascha / Greiff, Samuel (2016): Construct validity of complex problem solving: A comprehensive view on different facets of intelligence and school grades, in: Intelligence, Band 54, 55–69.

Kurzweil, Ray (2005): The singularity is near: When humans transcend biology, New York.

McGrew, Kevin S. (2005): The Cattell-Horn-Carroll theory of cognitive abilities, in: Flanagan, Dawn P. / Harrison, Patti L. (Hrsg.): Contemporary intellectual assessment: Theories, tests, and issues (2nd ed.), New York, 136–181.

OECD (2014): PISA 2012 results. Creative problem solving: Students' skills in tackling real-life problems (Volume V), OECD Publishing.

Putz-Osterloh, Wiebke (1981): Über die Beziehung zwischen Testintelligenz und Problemlöseerfolg, in: Zeitschrift für Psychologie, Band 189, 79–100.

Ramalingam, Dara / Philpot, Ray / McCrae, Barry (2017): The PISA 2012 assessment of problem solving, in Csapó, Ben / Funke, Joachim (Hrsg.): The nature of problem solving: Using research to inspire 21st century learning, Paris, 75–91

Ree, Malcolm James / Earles, James A. (1993): g is to psychology what carbon is to chemistry. A reply to Sternberg and Wagner, McClelland, and Calfee, in: Current Directions in Psychological Science, Band 2, Heft 1, 11–123.

Rudin, Cynthia (2019): Stop explaining black box machine learning models for high stakes decisions and use interpretable models instead, in: Nature Machine Intelligence, Band 1, Heft 5, 206–215.

Sarrazin, Thilo (2010): Deutschland schafft sich ab, München.

Schneider, W. Joel / McGrew, Kevin S. (2012): The Cattell–Horn–Carroll model of intelligence, in: Flanagan, Dawn P. / Harrison, Patti L. (Hrsg.): Contemporary intellectual assessment: Theories, tests, and issues (3rd ed.), New York, 99–145.

Stern, Elsbeth / Neubauer, Aljoscha (2016): Intelligenz: Kein Mythos, sondern Realität, in: Psychologische Rundschau, Band 67, Heft 1, 15–27.

Stern, William (1912): Die psychologische Methode der Intelligenzprüfung und deren Anwendung an Schulkindern, Leipzig.

Sternberg, Robert J. (1998): Erfolgsintelligenz. Warum wir mehr brauchen als EQ+IQ, München.

Sternberg, Robert J. (2016): Groundhog Day: Is the field of human intelligence caught in a time warp? A comment on Kovacs and Conway, in: Psychological Inquiry, Band 27, Heft 3, 236–240.

Sternberg, Robert J. (Hrsg.) (2018): The nature of human intelligence, Cambridge.

Sternberg, Robert J. (2019): A theory of adaptive intelligence and its relation to general intelligence, Journal of Intelligence, Band 7, Heft 4, 23.

Sternberg, Robert J. (2021): Adaptive intelligence. Surviving and thriving in times of uncertainty, Cambridge.

Sternberg, Robert J. / Kaufman, Scott Barry (Hrsg.) (2011): The Cambridge handbook of intelligence, Cambridge.

Terman, Lewis M. / Oden, Melita H. (1947): The gifted child grows up: twenty-five years' follow-up of a superior group, Stanford.

Uttal, William R. (2001): The new phrenology, Cambridge MA.

Werbik, Hans / Benetka, Gerhard (2016): Kritik der Neuropsychologie: Eine Streitschrift, Gießen.

Wilhelm, Oliver / Schroeders, Ulrich (2019): Intelligence, in: Sternberg, Robert J. / Funke, Joachim (Hrsg.): The psychology of human thought, Heidelberg, 255–275.

Peter Liggesmeyer

Künstliche Intelligenz in der modernen Welt: Was nutzen wir schon und was erwartet uns demnächst?

Künstliche Intelligenz (KI) ist eine alte Idee, die aktuell eine markante Renaissance erlebt. Immer mehr Branchen und Unternehmen entdecken die Potenziale Künstlicher Intelligenz für ihre Zwecke. Sei es in Form digitaler Assistenten und Chatbots, kooperativer Roboter, autonomer Fahrzeuge oder intelligenter Drohnen; die Künstliche Intelligenz hat die Forschungslabore verlassen und durchdringt zunehmend unseren Alltag.

Bei aller Aktualität ist jedoch der Versuch, menschenähnliche Intelligenz nachzubilden, kein gänzlich neuer Ansatz. Bereits 1950 entwickelte Alan Turing den bekannten Test, mit dem herausgefunden werden sollte, ob anhand der Reaktionen in einer „Befragung" eine Maschine von einem Menschen unterschieden werden kann. Sechs Jahre später prägte der Informatiker John McCarthy den Begriff der Künstlichen Intelligenz. Es bildete sich die Vision heraus, dass Maschinen eines Tages Probleme bewältigen könnten, die bislang nur von Menschen lösbar waren. Erste, wenn auch einfache, funktionierende künstliche neuronale Netze gab es bereits in den 1950er Jahren. Spezielle KI-Programmiersprachen entstanden wenig später, z.B. im Jahr 1958 LISP und 1973 PROLOG. Eine bekannte Expertensystemshell - also ein System, mit dem man Expertensysteme bauen konnte - war das LISP-basierte System KEE (Knowledge Engineering Environment) von 1983.

Die Technologie war aus Performanz- und Kostengründen zunächst nicht sehr erfolgreich. Das Interesse daran ist seinerzeit ziemlich erkaltet; bis vor Kurzem: Heute wird KI als eine wichtige Zukunftstechnologie diskutiert, wobei sich das Interesse aktuell auf den Teilbereich des Maschinellen Lernens (ML) konzentriert. ML mit KI gleichzusetzen ist aber falsch. KI ist sehr viel mehr als nur ML. Aber bleiben wir für einen Moment doch einmal beim Maschinellen Lernen.

Die vereinfachte Grundidee des Maschinellen Lernens ist, ein System anhand von Beispielen zu trainieren, mit dem Ziel, dass das ML-System nach Vorlage vieler Beispiele in der Lage sein soll, das darin enthaltene Verhalten zu reproduzieren. ML-Systeme erkennen Muster. Sie extrahieren aber keine Regeln. Um den Unterschied zu erläutern, brauchen wir Dirk Nowitzki. Nehmen wir einmal an, dass die Regel „Große Menschen spielen besser Basketball" gilt. Ich könnte mein Vertrauen in die Gültigkeit dieser Regel mit zwei Datenpunkten untermauern – was zugegebenermaßen nicht viel ist. Einer dieser Datenpunkte ist ein Ihnen nicht bekannter Mitschüler aus meiner Schulzeit, dessen Körpergröße ihn im Basketball im Gegensatz zu anderen Sportarten zu einem regelrechten Star machte. Der Andere ist Dirk Nowitzki, dessen Körpergröße und Erfolg im Basketball unbestreitbar bemerkenswert sind.

Ein ML-System, dem Daten aus der Sportart Basketball vorgelegt würden, würde versuchen, in diesen Daten Muster zu finden. Nehmen wir einmal an, dass zu den Spielern das Körpergewicht und die im Schnitt pro Spiel erreichten Punkte verfügbar sind, die Körpergröße aber nicht. Was könnte passieren? Das ML-Verfahren würde vermutlich eine Verbindung zwischen dem Körpergewicht und der Leistungsfähigkeit als Basketballer finden, die damit zusammenhängt, dass große Menschen im Schnitt schwerer sind. Das Muster wäre dann: „Unsere Daten zeigen, dass ein positiver Zusammenhang zwischen dem Körpergewicht und den geworfenen Körben besteht". Dieses Muster wäre korrekt, es darf aber nicht als Regel gelesen werden. „Menschen mit hohem Körpergewicht spielen besser Basketball" ist oft falsch. Die Anwendung des Musters würde dazu führen, dass auch kleinen, übergewichtigen Menschen eine große Karriere als Basketballer vorausgesagt würde.

Man darf Muster (Korrelationen) nicht mit Kausalitäten (Regeln) verwechseln. Das übliche Maschinelle Lernen begeht diesen Fehler nicht – es beschränkt sich auf die möglichst gute Extraktion der Muster aus Daten und wendet das so Gelernte dann auf neue Daten an. Dabei kann aber der beschriebene Fehler entstehen, der dazu führen würde, dass den meisten Sumoringern aufgrund ihres Gewichts eine Zweitkarriere als Basketballer prognostiziert würde.

Maschinelle Lernverfahren sind nicht im eigentlichen Sinne intelligent. Sie extrahieren Muster und wenden diese an. Diese vermeintliche Schwäche kann aber auch zu einer Stärke werden und zwar dort, wo die Angabe von Regeln schwierig ist. Beispiele dafür sind die Bereiche Sprach- und Bildverstehen, zwei Anwendungsbereiche, in denen ML-Verfahren ausgezeichnete Erfolge verbuchen und ihr gelegentliches Versagen meistens toleriert werden kann. Selbstverständlich gibt es auch hier Regeln, aber Kinder lernen ihre Muttersprache nicht durch Vorgabe von Regeln, sondern durch das Nachsprechen von vorgesprochenen Beispielen. Das Gleiche gilt für das Verstehen von Bildinhalten. Wenn ein Kind oft genug Bilder von Autos gesehen hat, so erkennt es Autos auf Bildern wieder. Das strenge Einhalten von Regeln ist hier vielleicht sogar hinderlich. Ein Auto mag auch dann noch als Auto eingestuft werden, wenn es statt der regelhaft erwarteten vier Räder ausnahmsweise einmal nur drei hat. Und Maschinelles Lernen kann das meistens auch leisten, aber eben keine diesbezüglichen Garantien abgeben.

Außerdem scheint z.B. die Wahrnehmung von Bildern durch ML-Verfahren anders zu arbeiten, als das Bildverstehen durch Menschen. Dafür gibt es eindrucksvolle Belege. So ist es einer Forschergruppe gelungen, das Bild eines Stoppschilds durch kleine schwarz-weiße Aufkleber so zu verändern, dass es von einem KI-System als eine Geschwindigkeitsbegrenzung wahrgenommen wird[1]. Würde dieser Irrtum in einer realen Verkehrssituation auftreten, so hätte dies potenziell katastrophale Folgen. Ich bin über-

---

[1] Eykholt et al. 2018.

zeugt davon, dass diese Verwechslung Menschen nicht unterlaufen würde. Ein anderes veröffentlichtes Beispiel[2] benutzt zwei Bilder einer Verkehrssituation, die sich aus Sicht eines menschlichen Betrachters kaum unterscheiden. Eines der zwei Bilder ist etwas verrauscht. Die Personen auf beiden Bildern bleiben aber für Menschen noch problemlos erkennbar, während ein entsprechendes System an dieser Stelle versagt hat.

Kritisch sind diese Schwächen natürlich dann, wenn sie sich in sicherheitskritischen Anwendungen – z.B. beim Autonomen Fahren – ereignen.

Sicherheit im Sinne des englischen Begriffs „Safety" bedeutet im Allgemeinen nicht, dass kein Schaden entstehen kann, sondern, dass das Risiko akzeptabel ist. Bei selbstfahrenden Autos stellt sich deshalb die Frage, welches Restrisiko akzeptiert werden kann und wie man sicherstellt, dass sie zumindest nicht mehr oder besser noch, deutlich weniger Unfälle als die von Menschen gesteuerten Fahrzeuge verursachen. Einen hundertprozentigen Schutz vor Unfällen wird es auch hier nicht geben. Welche Rolle kann Künstliche Intelligenz dabei spielen?

Sicherheitsrelevante Entscheidungen in Autos werden zunehmend von Software getroffen: Diese kann man klassisch programmieren. Im Programm wird festgelegt, welche der möglichen Reaktionen in welcher der zu erwartenden Situationen am besten geeignet ist, und es wird überprüft, dass die Software das erwünschte Verhalten auch tatsächlich leistet. Der Nachteil dieser Vorgehensweise ist offensichtlich: Das funktioniert nur gut, wenn Situationen vorab bekannt sind, so dass die Reaktionen darauf in der Software auch vorab festgelegt werden können. Was aber ist zu tun, wenn die Situationen zu kompliziert und zahlreich sind, um alles vorab festzulegen, so wie es im realen Straßenverkehr zu erwarten ist?

---

[2] Metzen et al. 2017.

Bei der Auswertung von Bildern einer Kamera im Fahrzeug kann man natürlich nicht jede mögliche Pixelbelegung durchgehen und festlegen, ob auf dem Bild ein bestimmtes Objekt ist oder nicht. Dies gilt auch für mögliche Fahrsituationen und die Entscheidung darüber, wie gelenkt und beschleunigt werden soll. Für derartige Fälle können Verfahren der Künstlichen Intelligenz ein probates Mittel sein. Hier existieren sehr leistungsfähige Verfahren, die oft erstaunlich gute Ergebnisse liefern. Allerdings ist wie bereits argumentiert nicht sichergestellt, dass ein KI-Verfahren verlässlich stets gute Ergebnisse liefert. Das ist aber eigentlich eine Forderung, die man an ein autonomes Fahrzeug stellen wird. Wenn man nicht genau weiß, wie sich die Software verhalten wird, wie kann man dann nachweislich Sicherheit erreichen?

Das ist in der Tat noch ein aktuelles Forschungsthema. Aber es ist durchaus interessant, einmal einen Vergleich zwischen der Leistungsfähigkeit aktueller Lösungen für das autonome Fahren, den „offiziellen" Anforderungen und der tatsächlichen Leistungsfähigkeit menschlicher Fahrer anzustellen.

Zum Festlegen der Risikoakzeptanzgrenze gibt es verschiedene Prinzipien. In Sicherheitsstandards, wie der ISO 26262[3] für - nicht automatisierte - Straßenfahrzeuge, finden sich hohe Sicherheitsanforderungen: Bei einer Durchschnittsgeschwindigkeit von 50 km/h käme man nach den dort aufgeführten Regeln im Schnitt 5 Milliarden Kilometer weit, bis der erste tödliche Unfall zu erwarten wäre. Alle Fahrzeuge der Firma Tesla sind nach Firmenangaben zusammen aber nur 210 Millionen Kilometer automatisiert gefahren, bis der erste tödliche Unfall passierte[4] und nicht 5 Milliarden Kilometer. Wenn diese 210 Millionen Kilometer auch der allgemeine Schnitt wären – was statistisch betrachtet eigentlich nicht haltbar ist - und wenn die Tesla-Fahrzeuge durchschnittlich 50 km/h oder schneller fahren würden, dann hätte Tesla diese Risikoakzeptanzgrenze um mehr als das 20-fache verfehlt.

---

[3] ISO 26262:2018.
[4] https://www.tesla.com/de_DE/blog/tragic-loss

Allerdings lag der Kilometerschnitt im Jahr 2015 für einen tödlichen Unfall beim manuellen Fahren in den USA nach Angaben des U.S. Department of Transportation bei 140 Millionen Kilometern[5] und in Deutschland nach Angaben des ADAC bei 219 Millionen Kilometern[6]. Es stellt sich also die Frage, ob die automatisierten Systeme wirklich den Extremwert erreichen müssen, oder ob sie nicht einfach „nur" besser sein müssen als der beste Mensch oder deutlich besser als der durchschnittliche Mensch. Für das automatisierte Fahren würde das bedeuten, dass man nicht nur auf eine bestimmte Unfallrate hinarbeitet und damit zufrieden ist, sobald diese erreicht ist, sondern dass man versucht, die Unfallrate so weit zu minimieren wie es sinnvoll und praktisch machbar ist.

Eine Strategie kann darin bestehen, die künstlich intelligenten Systeme mit konventioneller Software zu überwachen. Das mag auf den ersten Blick seltsam erscheinen, ergibt aber bei genauer Betrachtung Sinn. Oft ist es viel einfacher zu überprüfen, ob eine Reaktion sicher ist, als die Reaktion selbst zu bestimmen. Das ist ein wenig wie mit Hochseilartisten und ihrem Sicherungsnetz. Die Artisten können sehr komplexe Abläufe präzise wiederholen. Sollte das einmal misslingen, so wird die unsichere Situation – der Sturz – durch das Sicherungsnetz sanft abgebremst. Das Verhindern des Absturzes durch das Netz ist eine viel einfachere Funktion, als einen präzisen doppelten Salto zu schlagen. Man könnte sagen: Die Artisten kümmern sich um die Funktion – gute Artistik -; das Netz garantiert im Falle des Sturzes Sicherheit.

Übertragen auf das selbstfahrende Auto bedeutet das, dass eine KI-Lösung mit all ihren Stärken und Schwächen dazu genutzt werden könnte, mit komplizierten Sachverhalten umzugehen. Und sollte diese KI-Lösung einmal versagen, so könnte eine konventionelle Software verhindern, dass daraus eine unsichere Situation entsteht. Diese Software bildet quasi ein Sicherungsnetz. Weil es sich dabei um „normale" Software handelt, kann deren Funktion

---

[5] NHTSA's National Center for Statistics and Analysis 2017.
[6] ADAC 2016.

genau nachvollzogen werden, so dass ein Versagen der KI-Lösung ohne ernste Folgen bleibt.

Künstliche Intelligenz kann also selbstfahrende Autos weitgehend sicher machen, wenn sie mit klassischen Algorithmen verbunden bleibt. So behält der Ingenieur auch in Zukunft die Kontrolle, nicht allein der Computer.

Trotz der geschilderten Möglichkeit gibt es natürlich Wünsche im Hinblick auf die Qualität der Ergebnisse, die mit ML-Technologien auch ohne „Sicherungsnetz" erreicht werden sollen, z.B. Diskriminierungsfreiheit. Verwenden wir als Beispiel die Bewertung der Eignung von Bewerbern auf einen bestimmten Typ einer Position. Würde ein ML-System mit realen Daten trainiert, so würden ihm auch die in den Daten eventuell enthaltenen Diskriminierungen antrainiert. Man könnte ein solches System aber auch mit künstlichen Daten trainieren, die im Hinblick auf Diskriminierungsfreiheit erzeugt werden müssten. Das setzt aber voraus, dass genau festgesetzt ist, woran man erkennen kann, dass Diskriminierungsfreiheit herrscht. Diskriminierungsfreiheit zu fordern ist leicht; genau anzugeben, wann sie erreicht ist, ist - bei Licht betrachtet - ziemlich schwierig. Ist ein Verfahren diskriminierungsfrei, wenn es gleich viele Frauen und Männer auswählt? Oder müsste das zahlenmäßige Verhältnis zwischen Frauen und Männern in der Bevölkerung zugrunde gelegt werden? Dann müsste das System in Deutschland etwas mehr Frauen als Männer einstellen, sich in vielen anderen Ländern aber genau umgekehrt verhalten. Oder müsste man nicht die Verteilung der Menschen mit der passenden Qualifikation auf die zwei Geschlechter zugrunde legen? Sollte man in dieser Hinsicht Antworten finden, so bestünde aber noch die Möglichkeit, dass innerhalb der Geschlechter in Bezug auf Religionszugehörigkeit, sexuelle Orientierung, usw. Bewerber diskriminiert würden. Vor einiger Zeit wäre eine Lösung, die die genannten Aspekte berücksichtigt, möglicherweise akzeptabel gewesen. Inzwischen müsste man sie verwerfen, weil sie das dritte Geschlecht nicht beachtet. Bleibt also festzustellen: Diskriminirungsfreiheit unterliegt dem Zeitgeist, und daher ist es kaum möglich, einen Automatismus zu realisieren, der diskriminierungsfrei ist. Im Falle unseres Beispiels wäre der einzig wirklich diskriminierungsfreie Weg, die Entscheidung allein an der fachlichen Qualifikation festzumachen, unter Nichtberücksichtigung aller weiteren Eigenschaften. Das ist aber objektiv nur schwierig nachzuweisen.

Menschen fällt Diskriminierungsfreiheit schwer. Und es ist daher nicht fair, von der Künstlichen Intelligenz etwas zu verlangen, was die natürliche Intelligenz aktuell nicht leistet.

Die Volkswirtschaft in Deutschland hängt in hohem Maße von Produktionsunternehmen ab – Beispiel Automobilbranche. Solche Unternehmen verkaufen keine Software an sich, sondern integrieren Software – und damit zunehmend auch KI-Komponenten – in ihre Produkte. Oft sind diese Produkte sicherheitskritisch. Funktionieren sie nicht wie gewünscht, so entstehen Gefährdungen, die im Extremfall zum Verlust von Menschenleben führen können. Daher erfordern solche Systeme vor ihrer Inbetriebnahme einschlägige Nachweise ihrer Sicherheit, bis hin zur offiziellen Zertifizierung durch entsprechend legitimierte Stellen. Dies kollidiert mit einer Eigenschaft der derzeitigen Lernverfahren der KI: Die existierenden Lösungen sind aus Sicht der Sicherheitstechnik unsicher und im eigentlichen Sinne nicht zertifizierbar.

Im Grunde handelt es sich beim Maschinellen Lernen um eine spezielle Form der statistischen Datenanalyse, die deren charakteristische Vor- und Nachteile besitzt und natürlich nur Effekte erzeugen kann, die aus den zugrunde liegenden Daten abgeleitet werden können. Hier von Intelligenz zu sprechen, erscheint mir eigentlich unangebracht.

Ich glaube, dass eine Voraussetzung für wirklich intelligentes Verhalten, die Fähigkeit ist, aus Beobachtungen Regeln abzuleiten, diese Regeln zu validieren und sie dann solange zu benutzen, bis sie durch theoretische Überlegungen oder andere Beobachtungen falsifiziert werden. Der Vorteil der Regeln ist, dass diese herangezogen werden können, um Entscheidungen zu begründen.

Nehmen wir das allseits bekannte Beispiel von Isaac Newtons fallendem Apfel, der angeblich der Anstoß für die Findung des allgemeinen Gravitationsgesetzes war, so wird klar, um was es geht: Man sammelt nicht einfach immer mehr Beobachtungen, sondern versucht, aus den Beobachtungen eine allgemeingültige Regel zu extrahieren. Die Anwendbarkeit der Regel mag Grenzen haben – sie hat einen Anwendungsbereich. Wird dieser Anwendungsbereich verlassen, so startet das Verfahren erneut: Eine dann passende Regel muss gefunden werden. Das allgemeine Gravitationsgesetz funktioniert ziemlich gut für alle fallenden Äpfel, denn die meisten Äpfel fallen unter Bedingungen, die es nicht erfordern, unter Anwendung der allgemeinen Relativitätstheorie zu rechnen.

Für intelligente Leistungen reicht es nicht aus, aus Daten Muster zu extrahieren und diese zu reproduzieren. Vielmehr müssen aus Daten Regeln extrahiert werden, die Grenzen dieser Regeln festgestellt werden, Ausnahmen von der Anwendung der Regeln identifiziert werden und weitere Regeln gefunden werden, die dort gültig sind, wo die zuerst extrahierten Regeln nicht mehr gültig sind.

Maschinelles Lernen allein wird für viele Anwendungsbereiche – insbesondere für jene, in denen Garantien erforderlich sind, wie Autonomes Fahren – nicht ausreichen. Aber natürlich haben maschinelle Lernverfahren auch klar benennbare Vorteile. Die hier beschriebenen Nachteile sind den Forschern bekannt, und es wird daran gearbeitet, diese zu beseitigen. Die KI enthält mehr Lösungen, als nur das Maschinelle Lernen, und natürlich gibt es auch funktionierende Lösungen außerhalb der KI, auf die zurückgegriffen werden kann. Es ist abzusehen, dass ein Zusammenspiel der unterschiedlichen Bausteine eine Lösung sein wird.

Derzeit muss man sich vor der „Künstlichen Intelligenz" nicht wirklich fürchten. Bedrohlicher ist die – mit Verlaub – verbliebene Dummheit der existierenden Lösungen, deren Beseitigung ein aktuelles, wichtiges Ziel der Forschung ist.

Literatur

ADAC e.V. (September 2017): Zahlen, Fakten, Wissen. Aktuelles aus dem Verkehr, ADAC e. V. Ressort Verkehr. https://www.adac.de/_mmm/pdf/statistik_zahlen_fakten_wissen_1016_208844.pdf

Eykholt, Kevin / Evtimov, Ivan / Fernandes, Earlence u.a. (2018): Robust Physical-World Attacks on Deep Learning Visual Classification, IEEE/CVF Conference on Computer Vision and Pattern Recognition, 1625-1634

ISO 26262: 2018, Teile 1 -12, ISO 2018

Metzen, Jan Hendrik / Kumar, Mummadi Chaithanya / Brox, Thomas / Fischer, Volker (2017): Universal Adversarial Perturbations Against Semantic Image Segmentation. IEEE I. Conf. Comp. Vis., 2774-2783

NHTSA's National Center for Statistics and Analysis (October 2017): 2016 Fatal Motor Vehicle Crashes: Overview, National Center for Statistics and Analysis. httpps://crashstats.nhtsa.dot.gov/Api/Public/ViewPublication/812456

Catrin Misselhorn

Grundsätze der Maschinenethik[1]

Abstract

In vielen Anwendungsbereichen wie beim autonomen Fahren, im Krieg, aber auch in der Pflege stehen künstliche Systeme moralischen Problemen gegenüber. Die Maschinenethik ist eine aufstrebende Disziplin an der Schnittstelle von Philosophie, Informatik und Robotik, die sich mit der Frage beschäftigt, ob und wie künstliche Systeme auch moralische Entscheidungen treffen können. In diesem Beitrag wird die neue Disziplin vorgestellt und Argumente für und wider dieses Vorhaben diskutiert. Abschließend werden drei Grundsätze eingeführt, die als Leitplanken dienen und sicherstellen sollen, dass die technologische Entwicklung in eine positive Richtung erfolgt.

1. Was ist Maschinenethik?

Während *Artificial Intelligence* zum Ziel hat, die kognitiven Fähigkeiten von Menschen zu modellieren oder zu simulieren, geht es im Feld der *Artificial Morality* darum, künstliche Systeme mit der Fähigkeit zu moralischem Entscheiden und Handeln auszustatten. Die Idee ist also, Computer so zu programmieren, dass sie moralische Entscheidungen treffen können. Die Maschinenethik ist diejenige Disziplin, die sich mit der Möglichkeit von *Artificial Morality*,

---

[1] Wiederabdruck eines Beitrages, ursprünglich erschienen in: Strasser, Anna / Sohst, Wolfgang / Stepec, Katja / Stapelfeldt, Ralf (Hrsg.), Künstliche Intelligenz – Die große Verheißung, Berlin, 2021, 489-502; mit freundlicher Genehmigung der Autorin.

ihren theoretischen Grundlagen und ihrer ethischen Bewertung auseinandersetzt.[2]

Lange Zeit stand die Maschinenethik zu Unrecht im Verdacht, bloß Science Fiction zu sein. Das stimmt jedoch nicht. Denn bereits ein so einfaches Gerät wie ein Staubsaugerroboter steht vor moralischen Entscheidungen: Soll er einen Marienkäfer einfach einsaugen oder soll er ihn verscheuchen bzw. umfahren? Und was ist mit einer Spinne? Soll er sie töten oder ebenfalls verschonen? Ein solcher Roboter ist in einem minimalen Sinn autonom, weil er im Unterschied zu einem konventionellen Staubsauger nicht von einem Menschen geführt oder überwacht wird. Die Pointe eines solchen Roboters ist, dass er möglichst dann aktiv werden soll, wenn wir gerade nicht zu Hause sind.

Man kann auch in Zweifel ziehen, dass es sich um eine moralische Entscheidung handelt. Das ist jedoch der Fall, weil es darum geht, ob man Tiere zu Reinigungszwecken töten darf. Gewöhnliche Staubsaugerroboter können eine solche Entscheidung allerdings noch nicht treffen. Zumindest als Prototyp liegen jedoch Forschungsansätze vor, ein Ethikmodul für das populäre Modell Roomba zu entwickeln,[3] welches das Leben von Insekten berücksichtigt (der Prototyp besitzt wahlweise einen „Kill Button" für Spinnen).

In komplexeren Einsatzbereichen autonomer Systeme stellen sich auch anspruchsvollere moralische Entscheidungen. Beispiele hierfür sind etwa Pflegesysteme, Kriegsroboter und autonome Fahrzeuge, die drei der zentralen Anwendungsfelder der Maschinenethik darstellen.[4] Alle drei Felder erfordern grundlegende moralische Entscheidungen, in denen es manchmal sogar um Leben und Tod von Menschen geht. Eine zentrale Frage der Maschinenethik ist, ob man Maschinen solche Entscheidungen überhaupt überlassen darf oder ob man es vielleicht sogar tun sollte.

---

[2] Misselhorn 2018.
[3] Bendel 2017.
[4] Misselhorn 2018.

Wir wollen zunächst Argumente zugunsten der Behauptung betrachten, dass wir eine Maschinenethik brauchen. Sodann werden Argumente dargestellt, die gegen die Maschinenethik geltend gemacht werden können. Diese Argumente beziehen sich auf der einen Seite auf die technische Machbarkeit und auf der anderen auf die moralische Wünschbarkeit von Maschinen-Moral. Wie sich erweisen wird, haben beide Seiten ihre Berechtigung. Deshalb kommt es darauf an, wie die Maschinenethik ausgestaltet wird. Ein Vorschlag dafür wird mit drei Grundsätzen der Maschinenethik vorgelegt, die den Einwänden Rechnung tragen und sicherstellen sollen, dass sich die Maschinenethik in eine gute Richtung entwickeln kann.

2. Argumente für die Maschinenethik

Ein wesentliches Motiv der Technisierung ist, dass Maschinen die Menschen von Tätigkeiten entlasten sollen, die schwer, schmutzig, gefährlich oder einfach nur unangenehm sind. Manchmal sind die Leistungen von Maschinen auch einfach schneller oder präziser als diejenigen des Menschen.

Mit zunehmender Intelligenz und Autonomie geraten Maschinen jedoch auch in Situationen, die moralische Entscheidungen erfordern. Daraus wird häufig geschlossen, dass die Entwicklung von Maschinen mit moralischen Fähigkeiten unabdingbar ist, insofern wir die Vorteile autonomer intelligenter Systeme voll ausnutzen wollen.[5]

Darüber hinaus kann man argumentieren, dass moralische Maschinen bessere Maschinen sind. Eine gute Maschine zeichnet sich dadurch aus, dass sie den menschlichen Bedürfnissen und Werten besonders gut gerecht wird. Die Überlegung ist nun, dass eine Ma-

---

[5] Allen u.a. 2011.

schine mit einprogrammierter Moral den menschlichen Bedürfnissen und Werten besonders gut entspricht.

Vielleicht handeln künstliche moralische Akteure sogar besser als Menschen, weil ihr Verhalten nicht durch irrationale Impulse, Psychopathologien oder emotionalen Stress beeinflusst wird. Sie lassen sich nicht verführen und werden – im Unterschied zu Menschen – auch nicht durch Eigeninteresse vom Pfad der Tugend abgelenkt.

Außerdem könnten Maschinen in ihren kognitiven Fähigkeiten bei der Situationsbewertung Menschen überlegen sein. Sie sind in der Lage, in Sekundenbruchteilen Entscheidungen zu treffen, in denen ein Mensch gar nicht mehr bewusst entscheiden kann. Das wird als Argument dafür ins Feld geführt, Maschinen moralische Entscheidungen in besonders prekären Situationen zu überlassen, beispielsweise im Krieg.[6]

Doch die Maschinenethik ist nicht nur von praktischem Nutzen, sie ist auch ein theoretisch interessantes Forschungsprogramm. So verspricht sie Einsichten, die die ethische Theoriebildung voranbringen könnten. Denn die menschliche Moral hat den Nachteil, fragmentiert zu sein und sogar Inkonsistenzen zu enthalten. Die Entwicklung künstlicher Systeme mit moralischen Fähigkeiten stellt hingegen die Anforderung, die Moral (zumindest in den Anwendungsbereichen) zu vereinheitlichen und konsistent zu machen. Denn nur auf dieser Grundlage können künstliche Systeme operieren. Einheitlichkeit und Widerspruchsfreiheit gelten als theoretische Tugenden, deshalb läge darin auch ein Fortschritt für die Ethik als Theorie der Moral.

Auch kognitionswissenschaftlich ist die Maschinenethik von Bedeutung. Denn der Mensch ist zwar einerseits Vorbild bei der Entwicklung intelligenter Maschinen, die die Fähigkeit zum moralischen Handeln haben. Auf der anderen Seite inspirierte die wissenschaftliche und technische Entwicklung des Computers und

---

[6] Arkin 2009.

der Künstlichen Intelligenz aber auch immer wieder das Verständnis des menschlichen Geistes. Vielfach wird der Computer als Modell für die Funktionsweise des menschlichen Geistes betrachtet.

Der Versuch, künstliche Systeme mit moralischen Fähigkeiten zu konstruieren, ist deshalb mit der Erwartung verbunden, auch besser zu verstehen, wie moralische Fähigkeiten bei Menschen funktionieren könnten.[7] Idealerweise gibt es grundlegende funktionale Strukturen moralischer Fähigkeiten, die sowohl in natürlichen als auch in künstlichen Systemen realisiert werden können. Doch auch wenn gewisse Erklärungsansätze moralischer Fähigkeiten an der Implementation scheitern, birgt dies zumindest einen negativen Erkenntniswert. Die Maschinenethik kann also ein wertvolles Instrument kognitionswissenschaftlicher Erkenntnis darstellen.

3. Argumente gegen die Maschinenethik

Diesen positiven Erwartungen an die Maschinenethik zum Trotz werden jedoch auch eine Reihe von Einwänden geltend gemacht. Ihre Stoßrichtung ist einerseits die technische Machbarkeit und andererseits die moralische Wünschbarkeit von Maschinen mit moralischen Fähigkeiten. Häufig sind die kritischen Punkte die Kehrseiten der positiven Aspekte der Maschinenethik.

Dem Argument von der Unabdingbarkeit der Maschinenethik steht eine skeptische Haltung gegenüber, die ihre Umsetzbarkeit grundsätzlich in Frage stellt. Die Zweifel an der Möglichkeit der Maschinenethik gründen in der Kritik an der Vorstellung, dass der menschliche Geist analog zu einem Computerprogramm funktioniert. So wird oft darauf hingewiesen, dass ein Computer im Unterschied zum menschlichen Geist nicht über Denken oder Bewusstsein verfügen kann.[8] Jeder Versuch, eine starke künstliche

---

[7] Misselhorn 2019a.
[8] Searle 1980 [1986].

Intelligenz zu entwickeln, die der menschlichen Intelligenz entspricht, sei deshalb zum Scheitern verurteilt. Folglich werden Maschinen auch niemals über die Fähigkeit zum moralischen Entscheiden und Handeln verfügen.

Die Maschinenethik muss jedoch nicht unbedingt mit dem Anspruch starker künstlicher Intelligenz verbunden sein. Für Anwendungszwecke würde es genügen, eine funktionale Moral zu entwickeln. Dazu müssten Maschinen lediglich über die entsprechenden moralischen Informationsverarbeitungsprozesse verfügen. Sie müssten die moralisch relevanten Merkmale einer Situation erkennen und nach entsprechenden moralischen Vorgaben verarbeiten können.

Moralische Informationsverarbeitung in diesem Sinn könnte auch ohne Bewusstsein oder eine dem Menschen vergleichbare Denkfähigkeit möglich sein. In diesem Fall wären Maschinen natürlich keine vollumfänglichen moralischen Akteure wie Menschen. Ihnen würden dazu notwendige Fähigkeiten wie Bewusstsein, die Bezugnahme auf die Welt (Intentionalität), die Fähigkeit zur Selbstreflexion und Moralbegründung und damit auch Willensfreiheit fehlen.[9] Deshalb könnten Maschinen mit funktionaler Moral zwar moralisch handeln, aber keine Verantwortung für ihr Tun übernehmen.

Nehmen wir einmal an, es wäre möglich, Maschinen (zumindest im funktionalen Sinn) mit moralischen Fähigkeiten auszustatten. Dann stellt sich immer noch die Frage, ob es denn aus ethischer Sicht wünschenswert ist, es auch zu tun. Der Maschinenethik wohnt der Zwang inne, in bestimmten Fällen verbindliche moralische Entscheidungen zu treffen, die wir bislang offen gehalten haben. Das kann man auch negativ sehen, denn dadurch werden vielleicht kritische Aspekte eliminiert, ohne dass dies der Komplexität und existenziellen Bedeutung moralischer Situationen im Alltag gerecht wird.

---

[9] Misselhorn 2018.

Das lässt sich an den Dilemmasituationen veranschaulichen, die beim autonomen Fahren auftreten können. Wie soll ein Fahrzeug entscheiden, wenn es ausschließlich die beiden Handlungsalternativen hat, das Leben seiner Fahrgäste aufs Spiel zu setzen oder dasjenige von auf der Straße spielenden Kindern? Der Zwang zu einer Entscheidung ex ante erscheint in einem solchen Fall als problematisch.

Menschen können in einer solchen Lage situationsabhängig entscheiden. Das Verhalten eines autonomen Systems ist hingegen im Vorhinein festgelegt. Dadurch beschränken wir unseren Entscheidungsspielraum und die Möglichkeit, situativ von einer vorhergehenden moralischen Einschätzung abzuweichen, die uns in einer konkreten Situation nicht mehr angemessen erscheint (vgl. dazu im Hinblick auf autonome Waffensysteme[10]).

Während es in diesem Beispiel eher um die Frage geht, ob Maschinen moralisch angemessen auf kritische Situationen reagieren können, richtet der folgende Einwand den Blick auf den Entscheidenden und fragt, ob man moralische Entscheidungen überhaupt abgeben darf. Nach Kant ist die Fähigkeit zum moralischen Handeln die Wurzel der menschlichen Würde. Daran anschließend kann man zu bedenken geben, dass wir gerade dasjenige aus der Hand geben, was uns als Menschen ausmacht, wenn wir moralische Entscheidungen an Maschinen delegieren.

4. Grundsätze der Maschinenethik

Es wäre jedoch falsch, das Projekt der *Artificial Morality* aufgrund der Einwände in Bausch und Bogen zu verwerfen. Man sollte sie stattdessen als Hinweise lesen, wie man gute moralische Maschinen gestalten kann. Ich möchte deshalb nun drei Grundsätze for-

---

[10] Leveringhaus 2016.

mulieren, die den aus meiner Sicht wesentlichsten Einwänden gegen moralische Maschinen Rechnung tragen.

Erster Grundsatz: Moralische Maschinen sollten die Selbstbestimmung von Menschen fördern und sie nicht beeinträchtigen.

Maschinen sollten die Selbstbestimmung von Menschen nicht untergraben, sondern sie in ihrem selbstbestimmten Handeln unterstützen. Ich habe diese Idealvorstellung im Bereich der häuslichen Pflege ganz praktisch als Grundlage genommen, um ein konzeptuelles Design für ein Pflegesystem vorzulegen, das sich durch Training und die permanente Interaktion mit dem Nutzer auf dessen moralische Wertvorstellungen einstellen und Menschen nach ihren eigenen Moralvorstellungen behandeln kann.[11]

Die Idee war, ein System zu entwickeln, das mit einem verlängerten moralischen Arm des Nutzers vergleichbar ist, der es diesem ermöglicht, länger selbstbestimmt in seinen vier Wänden zu leben, wenn er dies möchte. Man könnte sogar von einem moralischen Avatar[12] sprechen. Die Ansprüche an ein solches System sollten jedoch nicht überzogen sein, denn Technologien allein werden den Pflegenotstand nicht lösen. Auch die sozialen und gesellschaftlichen Rahmenbedingungen dürfen nicht vernachlässigt werden. So sollte niemand gegen seinen Willen von Robotern gepflegt werden. Der Einsatz von Pflegesystemen darf auch nicht zur Vereinsamung und sozialen Isolation der Gepflegten führen.

Zweiter Grundsatz: Künstliche Systeme sollten nicht über Leben und Tod von Menschen entscheiden.

Sehr kritisch vom moralischen Standpunkt ist die Frage einzuschätzen, ob Maschinen über Leben und Tod von Menschen entscheiden dürfen. Ein wichtiges Argument ist in diesem Zusammen-

---

[11] Misselhorn 2020.
[12] Ein virtueller Stellvertreter einer Person.

hang, dass in den Anwendungsbereichen, in denen über den Einsatz autonomer Systeme nachgedacht wird, keine moralische Pflicht zum Töten besteht.[13] Eine solche Pflicht gibt es nicht einmal im Krieg.

Der üblichen Auslegung der Theorie des gerechten Kriegs zufolge ist es bestenfalls moralisch erlaubt, andere Menschen im Krieg zu töten, aber nicht moralisch geboten.[14] Deshalb sollte immer die Möglichkeit bestehen, etwa aus Mitleid von einer Tötungshandlung abzusehen. Durch den Einsatz autonomer Waffensysteme wird der Entscheidungsspielraum unweigerlich geschlossen.

Eine wichtige Frage ist, ob die Einwände gegen Kriegsroboter sich auch auf andere Anwendungsbereiche übertragen lassen. So wurde eine Analogie zwischen der Programmierung autonomer Fahrzeuge zum Zweck der Unfalloptimierung und der Zielbestimmung autonomer Waffensysteme hergestellt.[15]

Um Unfallergebnisse zu optimieren, müssen Kosten-Funktionen erstellt werden, die bestimmen, wer im Zweifelsfall verletzt und getötet wird. Vergleichbar mit autonomen Waffensystemen müssten somit für den Fall einer unvermeidlichen Kollision legitime Ziele festgelegt werden, die dann vorsätzlich verletzt oder womöglich sogar getötet würden.

Um zu prüfen, ob sich das Argument, dass es keine moralische Pflicht zum Töten gibt, auf das autonome Fahren übertragen lässt, ist zu klären, ob eine moralische Pflicht besteht, unschuldige Menschen zu verletzen oder zu töten, sofern dies dazu dient, Schlimmeres zu verhindern. Eine solche Pflicht ist nicht nur moralisch problematisch,[16] sondern auch im Licht der deutschen Rechtsprechung.

Das Bundesverfassungsgericht hat in seiner Entscheidung zum Luftsicherheitsgesetz im Jahr 2006 zum Abschuss entführter Passa-

---

[13] Misselhorn 2018.
[14] Childress 1979; Eser 2011.
[15] Lin 2016.
[16] Misselhorn 2018.

gierflugzeuge, die von Terroristen als Massenvernichtungswaffen eingesetzt werden sollen, festgehalten, dass ein Abschuss immer der Menschenwürde der Flugzeugpassagiere widerspricht.[17]

Unschuldige Menschen auf der Grundlage einer gesetzlichen Ermächtigung vorsätzlich zu töten wird somit vom Grundgesetz ausgeschlossen. Dieses Urteil steht zumindest auf den ersten Blick in einem Widerspruch zu einer Pflicht der Schadensminimierung, die die vorsätzliche Verletzung oder Tötung unschuldiger Menschen umfasst.

Dritter Grundsatz: Es muss sichergestellt werden, dass Menschen stets in einem substantiellen Sinn die Verantwortung übernehmen.

Ein weiteres Problem, das angesprochen werden muss, besteht darin, dass der Einsatz von Maschinen mit moralischen Fähigkeiten zu einem Verantwortungsvakuum führen kann. Maschinen sind zwar nicht zu vollumfänglichem moralischen Handeln in der Lage, wie es Menschen auszeichnet. Der Einsatz von Maschinen könnte jedoch die Verantwortungszuschreibung an Menschen unterminieren, so dass am Ende möglicherweise niemand für ihr Handeln die Verantwortung trägt.

Kriterien für die Zuschreibung moralischer Verantwortung sind etwa Willensfreiheit, Kausalität, Absichtlichkeit und Wissen. Ein Handelnder ist demnach nur dann für eine Handlung verantwortlich, wenn sie auf seinem freien Willen beruht, wenn sie ohne seine Beteiligung nicht zustande gekommen wäre, er sie absichtlich durchgeführt hat (oder ihre Folgen zumindest in Kauf genommen hat) und ihm ihre Konsequenzen bekannt waren (er diese hätte vorhersehen oder sich die entsprechenden Kenntnisse mit vertretbarem Aufwand beschaffen können).

Es ist klar, dass Maschinen diese Bedingungen nicht alle erfüllen. So besitzen sie keinen freien Willen; aber auch die Bedingun-

---

[17] BVerfG 115, 118, (160).

gen der Absichtlichkeit und des Wissens werfen Probleme bei der Zuschreibung an Maschinen auf. Deshalb können sie zwar keine moralische Verantwortung tragen, aber eine Verantwortungslücke erzeugen.

Der australische Maschinenethiker Robert Sparrow, auf den dieser Begriff (im Original: *responsibility gap*) zurückgeht, argumentiert dafür am Beispiel autonomer Kriegsroboter.[18] Er legt dar, dass eine Verantwortungslücke entsteht, wenn:

1. ein Kriegsroboter nicht absichtlich so programmiert wurde, dass er die ethischen bzw. rechtlichen Normen der Kriegsführung verletzt;

2. es nicht vorhersehbar war, dass der Einsatz des Kriegsroboters dazu führen würde; und

3. ab dem Start der Operation keine menschliche Kontrolle mehr über die Maschine bestand.

Wenn diese drei Bedingungen erfüllt sind, hat das nach Sparrow zur Folge, dass die moralische Verantwortung keinem Menschen zugeschrieben werden kann, wenn etwa ein Kriegsroboter im Widerstreit mit den ethischen bzw. rechtlichen Normen der Kriegsführung Menschen tötet. Denn kein Mensch hatte dies beabsichtigt, es war nicht vorhersehbar und niemand hatte kausal die Möglichkeit, dieses Resultat zu verhindern.

Eine Verantwortungslücke entsteht also genau dann, wenn die Maschine selbst nicht verantwortlich ist, ihr Einsatz die Bedingungen der Verantwortungszuschreibung an Menschen untergräbt. Für Sparrow ist dies ein Grund dafür, den Einsatz von Kriegsrobotern als unmoralisch abzulehnen. Das Argument von der Verantwortungslücke ließe sich aber grundsätzlich auch auf andere Bereiche wie das autonome Fahren übertragen.

Diese Schlussfolgerung könnte man zum Anlass nehmen, um zu fordern, der Mensch dürfe eben nicht gänzlich die Kontrolle aus der Hand geben. In militärischen Kontexten wird zwischen *In-the-*

---

[18] Sparrow 2007.

Loop-Systemen, *On-the-Loop*-Systemen und *Out-of-the-Loop*-Systemen unterschieden, je nachdem, welche Rolle der Mensch in der Kontrollschleife spielt. Bei *In-the-Loop*-Systemen bedient ein Mensch das System und fällt sämtliche Entscheidungen, wenn auch vielleicht nur per Fernbedienung. *On-the-Loop*-Systeme sind zwar programmiert, sie können aber in Echtzeit unabhängig von menschlichem Eingreifen operieren. Der Mensch übernimmt jedoch weiterhin die Überwachung, und er hat jederzeit die Möglichkeit, einzugreifen. *Out-of-the-Loop*-Systeme verhalten sich wie *On-the-Loop-Systeme*, doch besteht keine menschliche Kontroll- und Interventionsmöglichkeit mehr.

Das Problem der Verantwortungslücke erscheint als gelöst, wenn der Mensch *On-the-Loop* bleibt und vielleicht sogar per Knopfdruck der Verantwortungsübernahme zustimmen muss, bevor er ein künstliches System in Betrieb nimmt. Es ist jedoch fraglich, ob die Annahme realistisch ist, dass der Mensch zu einer permanenten Überwachung in der Lage ist. Lässt sich die Aufmerksamkeit über einen entsprechend langen Zeitraum halten, ohne selbst tätig zu werden? Kann ein Mensch in Sekundenschnelle entscheiden und eingreifen, wenn es darauf ankommt? Sollte das nicht möglich sein, wären Vorhersehbarkeit und Kontrolle zwar in der Theorie möglich, aber in der Realität für den Menschen nicht umsetzbar.

Des Weiteren kommt es zu spezifischen epistemischen Problemen. Schließlich ist der Mensch zur Analyse der Situation auf die Informationen angewiesen, die das System ihm liefert. Die Frage ist, ob er diese überhaupt rational in Zweifel ziehen kann, ohne über einen unabhängigen Zugang zu den relevanten Informationen zu verfügen. Nicht zuletzt durchläuft ein solches System bei seiner Entwicklung eine Reihe von Qualitätssicherungsprozessen. Das bestärkt den Nutzer darin, die Vorschläge des Systems den eigenen Urteilen für überlegen zu halten. Die Bedingung der Vorhersehbarkeit wäre somit entgegen dem ersten Anschein nicht wirklich erfüllt.

Insgesamt erscheint es als unfair, dem Nutzer per Knopfdruck die volle Verantwortung aufzubürden, denn zumindest ein Teil der Verantwortung, wenn nicht sogar der Hauptteil sollte doch den Programmierern zukommen, deren Algorithmen ausschlaggebend für das Handeln des Systems sind. Die Nutzer sind nur in einem schwächeren Sinn verantwortlich, weil sie das System nicht am Handeln gehindert haben. Das lässt es zweifelhaft erscheinen, ob die Bedingungen der Vorhersehbarkeit und der Kontrolle erfüllt sind. Das Problem der Verantwortungslücke droht aus diesem Grund auch bei *On-the-Loop*-Systemen. Es stellt sich letztlich sogar dann, wenn der Mensch *In-the-Loop* bleibt.

Es ist deshalb eine der großen Herausforderungen der Maschinenethik, Wege zu finden, wie Verantwortungszuschreibung in einem substantiellen Sinn in einem solchen Kontext aufgefasst werden kann. Ein Ansatz besteht darin, Handlungsfähigkeit und Verantwortung zu trennen. Juristisch gesprochen wären moralische Maschinen dann als eine Art von Erfüllungsgehilfen zu sehen, wobei die Verantwortung beim Geschäftsherrn verbleibt.[19] Allerdings ist ein solcher Ansatz nur für den privatrechtlichen Bereich geeignet. Generell spricht auch das Problem der Verantwortungslücke dafür, Maschinen keine Entscheidungen über Leben und Tod von Menschen zu überlassen.

5. Konklusion

Im Licht der drei Grundsätze guter Maschinenethik gibt es einige Einsatzbereiche moralischer Maschinen, die kritisch zu sehen sind. Das betrifft insbesondere Kriegsroboter, aber auch das autonome Fahren sollte vor diesem Hintergrund nicht zu leichtfertig forciert werden.

---

[19] Teubner 2018; Misselhorn 2019b.

Wichtig wäre es, zunächst die Möglichkeiten des assistierten Fahrens voll auszuschöpfen. Denn das assistierte Fahren ist moralisch deutlich weniger problematisch, da es Maschinen keine Tötungsentscheidungen überträgt. In puncto Verkehrssicherheit wäre zunächst zu prüfen, ob das assistierte Fahren nicht womöglich annähernd ebenso effektiv ist wie das vollautomatisierte Fahren.

Trotz dieser Einschränkungen wäre es falsch, die Grundsätze als Hemmschuh der technologischen Entwicklung aufzufassen. Vielmehr handelt es sich um Leitplanken, die festlegen können, worin sinnvolle technologische Innovation besteht. So wurde am Beispiel eines Pflegesystems gezeigt, dass sich die Leitlinien auch als Orientierungshilfe bei der Entwicklung nutzen lassen. Hierbei darf allerdings die entsprechende soziale und gesellschaftliche Einbettung solcher Technologien nicht vernachlässigt werden.

Literatur

Allen, Colin / Wallach, Wendell / Smit, Iva (2011): Why Machine Ethics?, in: Anderson, Michael / Anderson, Susan (Hrsg.): Machine Ethics, New York, 51-61.

Arkin, Ronald (2009): Governing Lethal Behavior in Autonomous Robots, Boca Raton u.a.

Bendel, Oliver (2017): Ladybird – The Animal-Friendly Robot Vacuum Cleaner, in: The AAAI 2017 Spring Symposium on Artificial Intelligence for the Social Good, Technical Report SS-17-01, Palo Alto, 2-6.

Childress, James F. (1997): Nonviolent Resistance – Trust and Risk-Taking. Twenty-Five Years Later. In: Journal of Religious Ethics, Band 25, Heft 2, 213-220.

Eser, Albin (2011): Tötung im Krieg – Rückfragen an das Staats- und Völkerrecht, in: Appel, Ivo / Hermes, Georg / Schönberger, Christoph (Hrsg.): Öffentliches Recht im offenen Staat – Festschrift für Rainer Wahl zum 70. Geburtstag, Berlin, 665-687.

Lin, Patrick (2016): Why Ethics Matters for Autonomous Cars, in: Maurer, Markus / Gerdes, Chris / Lenz, Barbara / Winner, Hermann

(Hrsg.): Autonomous Driving – Technical, Legal and Social Aspects, Berlin, Heidelberg, 69-85.

Leveringhaus, Alex (2016): Ethics and Autonomous Weapons, Oxford.

Misselhorn, Catrin (2018): Grundfragen der Maschinenethik, Dietzingen.

Misselhorn, Catrin (2019a): Mensch und Maschine. Leonardo da Vinci als Vorbild für die gegenwärtige Roboterethik, in: Seidl, Ernst / Dürr, Frank / La Corte, Michael (Hrsg.): Ex machina. Leonardo da Vincis Maschinen zwischen Wissenschaft und Kunst, Tübingen.

Misselhorn, Catrin (2019b): Digitale Rechtssubjekte, Handlungsfähigkeit und Verantwortung aus philosophischer Sicht, VerfBlog, 2019/10/02, https://verfassungsblog.de/digitale-rechtssubjekte-handlungsfaehigkeit-und-verantwortung-aus-philosophischer-sicht/

Misselhorn, Catrin (2020): Artificial Systems with Moral Capacities? A Research Design and its Implementation in a Geriatric Care System, in: Artificial Intelligence, Band 278, 103179.

Searle, John R. (1980) [1986]: Minds, Brains, and Programs, in: The Behavioral and Brain Sciences, Band 3, Heft 3, 417-424. [Dt.: Geist, Gehirn, Programm, in: Hofstadter, Douglas R. / Dennet, Daniel C. (Hrsg.): Einsicht ins Ich, Stuttgart, 337-356.]

Sparrow, Robert (2007): Killer Robots, in: Journal of Applied Philosophy, Band 24, Heft 1, 62-77.

Teubner, Gunther (2018): Digitale Rechtssubjekte? Zum privatrechtlichen Status autonomer Softwareagenten, in: Archiv für die civilistische Praxis, Band 218, Heft 2-4, 155-205.

Dirk Evers

Gottebenbildlichkeit und Künstliche Intelligenz

1. Vorbemerkungen

Wesentliche Fragen, die im Zusammenhang mit der Künstlichen Intelligenz (KI) gestellt werden, betreffen eigentlich die Frage des Menschen nach sich selbst. Das Thema Mensch und KI lässt uns – zum wiederholten Male und mit anderen Vorzeichen – nach uns selbst fragen. Bei der Frage des Menschen nach sich selbst geht es nicht einfach nur darum, wer oder was der Mensch ist, sondern immer auch darum, wer oder was der Mensch sein soll und sein kann und was es überhaupt heißt, *menschlich* zu leben. Damit ist klar, dass es nie nur um die Feststellung von Fakten und Tatsachen gehen kann (sofern es die in diesem Zusammenhang überhaupt in signifikanter Weise „gibt"), sondern immer auch und vor allen Dingen um das Menschsein im Vollzug, um Menschsein als Aufgabe.

Ihr Menschsein haben Menschen seit jeher im Vergleich zu anderen Lebens- und Verhaltensformen bestimmt, indem sie es mit dem Dasein der Tiere verglichen haben, mit fiktiv-imaginären übermenschlichen Lebensformen wie denen von Halbgöttern oder Engeln, mit einem utopischen Menschsein in der Zukunft, mit fiktiv-imaginären außerirdischen Lebensformen oder seit der frühen Neuzeit auch mit der Daseins- und Funktionsweise von Maschinen. Bei alledem haben sich Menschen im Allgemeinen eingeordnet irgendwo zwischen dem Übermenschlichen und dem rein Zufälligen: „Der Mensch? Wo ist er her? Zu schlecht für einen Gott; zu gut fürs Ungefähr."[1] Die Neuzeit hat dabei einige Überraschun-

---

[1] Lessing 1970, 171.

gen und Entdeckungen bereitgehalten. Mit der Kopernikanischen Wende und in der frühen Aufklärung entdeckte sich der Mensch als eingebettet in ein riesiges, wenn nicht gar unendliches Weltall, in dem es anscheinend auch viele andere Welten gab.[2]

Herausfordernder war die These, dass es sich beim Menschen, mindestens nach seiner körperlichen Seite, eigentlich um eine Maschine handelte. Für die radikalen frühneuzeitlichen Materialisten galt das auch für die vernünftige und geistige Seite des Menschseins, die im Grunde auch nur auf die Steigerung von Genuss und Lebensfreude in diesem Leben aus sei, wie es sich in dem umstrittenen Werk des französischen Arztes und Schriftstellers Julien Offray de La Mettrie (1709–1751) „L'homme machine" („Der Mensch als Maschine") von 1747 niederschlägt. Spätestens seitdem ist die Frage nach dem Verhältnis von Mensch und Maschine Gegenstand anthropologischer Debatten. Um auch hier wenigstens eine Denkfigur der Aufklärung aufzurufen: Immanuel Kant hat in einer scharfsinnigen Analyse in seiner „Kritik der Urteilskraft" von 1790 den Menschen wie auch andere Lebewesen als *organisierte* Wesen dargestellt, die nicht wie Maschinen nur von bewegender Kraft *angetrieben* werden, sondern als sich selbst *bildende* Wesen zweckorientiert und als Selbstzweck *leben*.[3] Wir werden sehen, dass die Grundstruktur dieses Gedankens immer noch gültig ist.

Für die christliche Theologie ist seit ihren Anfängen bei solchen Fragen die Vorstellung des Menschen als eines Ebenbildes Gottes leitend gewesen. Nicht der Vergleich mit anderen Wesen oder Lebewesen stand dabei im Vordergrund, sondern die Frage nach dem besonderen Gottesverhältnis des Menschen als eines Einzelnen, als

---

[2] Dass dieses eine fundamentale Kränkung dargestellt habe, wie im Anschluss an Friedrich Nietzsche von Sigmund Freud behauptet wurde, ist ein Mythos. Ein solcher Gedanke hat weder in der Kritik an der alten noch in der neuen Kosmologie eine besondere Rolle gespielt. Das frühaufklärerische Denken mit seiner Betonung der Unendlichkeit hat schnell auf eine Vielzahl von Welten umgestellt und den Menschen als vernunftbegabten Himmelsbetrachter neu eingeordnet.

[3] Vgl. Kant 1913, §§ 64–66.

Gruppe und als Menschheit überhaupt. Bevor wir also zur Frage nach dem Verhältnis von Mensch und Maschine im Zeitalter von KI zurückkehren, möchte ich zunächst dieses christliche Konzept vorstellen und einige Aspekte seiner Bedeutung konstruktiv-kritisch untersuchen.

2. Gottebenbildlichkeit

2.1 Gottebenbildlichkeit in der frühen Kirche

Gegen antike Konzepte eines mit dem Göttlichen identischen Seelenfunken im Menschen stellt die frühe christliche Sicht des Menschen den Gedanken der Gottebenbildlichkeit heraus, nach dem der Mensch Gott entspricht, sich aber zugleich als Geschöpf und bloßes Bild von ihm unterscheidet. Der klassische biblische Beleg dafür ist Gen 1,26f.: „Und Gott sprach: Lasset uns Menschen machen, nach unserem *Bild*, uns *ähnlich*, die da herrschen über die Fische im Meer und über die Vögel unter dem Himmel und über das Vieh und über alle Tiere des Feldes und über alles Gewürm, das auf Erden kriecht. Und Gott schuf den Menschen zu seinem Bilde, zum Bilde Gottes schuf er ihn; männlich und weiblich schuf er sie."[4]

Die inhaltliche Bestimmung dieses Konzepts war und ist allerdings umstritten. Verschiedene Interpretationsstränge lassen sich unterscheiden. In einer inhaltlich bestimmten Tradition wird versucht Eigenschaften zu identifizieren, die den Menschen als Ebenbild Gottes *substantiell* qualifizieren. Diese Interpretationen knüpfen oft an philosophische Bestimmungen an. Traditionell ist es die *Vernunft*, die den Menschen als *animal rationale*, als das

---

[4] Auf den Bildgedanken gehen auch Gen 9,6 sowie Gen 5,1+3 ein, im letzten Vers auch im Sinne der Ebenbildlichkeit zwischen Vater und Sohn. Als wichtigste Sachparallele gilt Ps 8,6–9. Ansonsten spielt die Gottebenbildlichkeit in den biblischen Texten selbst kaum eine Rolle.

vernünftige Tier auszeichnen und ihn mit Gott verbinden soll. Im Urtext kommen in Vers 26 zwei Bestimmungen der Bildhaftigkeit des Menschen vor: nach unserem Bild (צֶלֶם/zäläm, griech: εἰκών/*eikon*; lat.: imago); uns ähnlich (דְּמוּת/dᵉmut, griech.: ὁμοίωσις/*homoiosis*; lat.: similitudo). Die griechischen Kirchenväter[5] interpretieren *eikon* mit der angeborenen Naturausstattung des Menschen mit Vernünftigkeit und der Fähigkeit zur Selbstbestimmung durch seinen freien Willen, *homoiosis* dagegen mit seiner ursprünglichen Vollkommenheit, mit der sich der Mensch vor dem Sündenfall an Gott hielt und sich damit zum Guten bestimmte. Der Sündenfall im Paradies, so die Vorstellung, bedeutete eine Abkehr von Gott und damit den Verlust der ursprünglichen Vollkommenheit des Menschen, während Vernunft und freier Wille zwar lädiert, aber als Anknüpfungspunkt für die erneuernde Gnade Gottes noch vorhanden waren.

Augustinus übernimmt für das westliche, lateinische Denken die Bestimmung der Gottebenbildlichkeit in der menschlichen Vernunft[6], für die er den aufrechten Gang des Menschen als äußeres Zeichen sieht. Vor allem aber entfaltet er den Gedanken der Gottebenbildlichkeit trinitarisch, insofern die dreifache Struktur des menschlichen Seelenvermögens die göttliche Trinität wiederspiegelt: Der menschliche Geist (lat. mens) ist als „Gedächtnis, Einsicht, Wille" das Abbild der göttlichen Dreieinigkeit von Vater, Sohn/Wort und Geist/Weisheit.[7] Aber auch er betont, dass durch den Sündenfall, also „auch nach dem Verlust der Teilnahme an

---

[5] Hier ist als erster Irenäus von Lyon (ca. 135–200) zu nennen, der ursprünglich aus Kleinasien stammte.

[6] z.B. De civitate Dei, Buch XII, Kapitel 24: »Gott machte also den Menschen nach seinem Bilde. Denn er schuf ihm eine Seele, die durch ihre Vernunft und Einsicht allen Land-, Wasser- und Luftgeschöpfen, die keinen solchen Geist besitzen, überlegen sein sollte«; zitiert nach Augustinus 1991, 100.

[7] Vgl. Augustins Hauptwerk De trinitate (Von der Trinität), z.B. mit Bezug auf Gen 1,26f.: Augustinus 2003, 334.

Gott", der Mensch „ein zwar abgebrauchtes und entstelltes, aber eben doch ein Bild Gottes bleibt"[8].

2.2 Gottebenbildlichkeit in der reformatorischen Theologie

Ausgebaut wird das Modell der Beschädigung der Gottebenbild-lichkeit, bei der das auf Gott bezogene Vernunftvermögen im Prin-zip intakt bleibt, in der mittelalterlichen Theologie, gegen die sich dann die Reformation absetzt, die dem freien Willen des Menschen in Bezug auf seine Selbstbestimmung nichts mehr zutraut und die Sünde des Menschen nicht als behebbaren Schaden, sondern als das grundsätzliche Unvermögen bestimmt, sich in aufrichtigem Glauben und Vertrauen Gott zuwenden zu können. Positiv gewen-det hieß das, dass der Mensch gerechtfertigt wird allein aus „lauter Veterlicher, Gottlicher gute und barmhertzigkeit, one alle mein verdienst und wirdigkeit"[9]. Was den Menschen zum Menschen macht, ist nach Luthers Auffassung sein passives „Vermögen", vom Geist Gottes ergriffen werden zu können und sich rechtfertigen zu lassen. So schreibt er in der Disputation über den Menschen, dass zwar in der Perspektive der Philosophie die Vernunft als Grundlage der Künste und der Wissenschaften „mit Recht der wesentliche Unterschied genannt werden muss, durch den begründet wird, dass der Mensch sich von den Tieren und den anderen Dingen un-terscheidet"[10], dass aber andererseits mit Blick auf den *ganzen* Menschen und also in theologischer Perspektive die paulinische Kurzdefinition des Menschen in Anschlag zu bringen sei: „Der Mensch ist das durch den Glauben zu rechtfertigende"[11] Lebewe-sen. Und die Willensstruktur des Menschen versteht Luther nicht als Selbstbestimmung und Selbstkontrolle, sondern als die „Fähig-

---

[8] Augustinus 2003, 205.
[9] So Luther im Kleinen Katechismus, zitiert nach Dingel 2014, 870.
[10] Luther 1536/2006, 665.
[11] Luther 1536/2006, 669.

keit", „durch den Geist hingerissen und mit der Gnade Gottes erfüllt zu werden". Das Besondere des Menschen besteht in seiner Gottesbeziehung, die allerdings durch ihn selbst nicht „machbar" ist. Eben das ist es auch, was „den Bäumen und den Tieren nicht beigelegt ist", hat Gott doch schließlich „den Himmel nicht für Gänse geschaffen".[12]

Als das eine Bild Gottes kann Jesus Christus gelten, den Luther als „spiegel [...] des Veterlichen hertzens"[13] bezeichnet. Ihm werden Christenmenschen gleichgestaltet, indem die Liebe Gottes sie neu gestaltet. Denn es gilt überhaupt für die Gott-Mensch-Beziehung: „Die Liebe Gottes findet das für sie Liebenswerte nicht vor, sondern erschafft es. [...] Denn darum sind die Sünder schön, weil sie geliebt werden; nicht darum werden sie geliebt, weil sie schön sind."[14] Insofern bleiben Menschen gewissermaßen Stoff in der Hand des Schöpfers und können ihre Gottebenbildlichkeit vor allem dadurch weiter ausbilden, dass sie sich von Gott bestimmen und formen lassen. Diese fortgesetzte Erneuerung der Gottebenbildlichkeit als Prozess ist ausgerichtet auf die „zukünftige Gestalt" des Menschen in der Vereinigung mit Gott nach diesem Leben, „wenn das Bild Gottes wiederhergestellt und vollendet worden sein wird"[15]. Damit nimmt Luther den paulinischen Gedanken auf, dass wir verwandelt werden sollen in das Bild Christi (2 Kor 3,18), der seinerseits das Bild Gottes ist (2 Kor 4,4).

2.3 Gottebenbildlichkeit in der Theologie des 20. Jahrhunderts

Nach der heutigen Auslegung der biblischen Texte dürfte sich Gen 1,26f. in seiner ursprünglichen Aussageabsicht allerdings weniger auf bestimmte menschliche Eigenschaften beziehen als auf den be-

---

[12] Luther 1525/2006, 293.
[13] So im Großen Katechismus, zitiert nach Dingel 2014, 1068.
[14] Luther 1518/2006, 61.
[15] Luther 1536/2006, 669.

sonderen *Auftrag* des Menschen, der als Gottes Stellvertreter auf Erden verstanden wird. Das hatte man zum Teil auch schon in der Tradition so gesehen und mitunter die Gottebenbildlichkeit mit dem „Herrschaftsauftrag" nach Gen 2,15 verbunden, wo der Mensch die Erde als den Garten Gottes bebauen und bewahren soll. Mit diesem so genannten Herrschaftsauftrag (lat. dominium terrae) war dann auch der berühmt-berüchtigte Gedanke des Menschen als der Krone (=Herrscher) der Schöpfung verbunden. So heißt es bei dem frühchristlichen Schriftsteller Laktanz (ca. 250–320):

> „Als Gott den Menschen schuf, gleichsam als Abbild Gottes und als Krone des göttlichen Schöpfungswerkes, da hauchte er ihm allein die Weisheit ein, damit er alles seiner Herrschaft und Botmäßigkeit unterwerfe und alle Annehmlichkeiten der Welt genieße."[16]

Doch sind alle diese Bestimmungen, die den Menschen im Unterschied zum Tier und in Überordnung über die übrige irdische Geschöpfwelt verstehen, durch die Evolutionstheorie fraglich geworden. Die Erkenntnis einer Evolution der Lebensformen auf unserem Planeten hat gezeigt, dass es ein breites Tier-Mensch-Übergangsfeld gegeben haben muss, das als ein kontinuierlicher Übergang zu verstehen ist, der eine Vielfalt von Menschenartigen innerhalb der Hominiden hervorgebracht hat, von denen Homo sapiens sapiens die einzige überlebende Art ist. Dem hat schon Friedrich Nietzsche pointiert Ausdruck verliehen: „Wir haben umgelernt. Wir sind in allen Stücken bescheidner geworden. Wir leiten den Menschen nicht mehr vom ‚Geist', von der ‚Gottheit' ab, wir haben ihn unter die Thiere zurückgestellt."[17]

Die Theologie des 19. und 20. Jahrhunderts hat das zum Teil dadurch aufzufangen versucht, dass sie den Gedanken der Gottebenbildlichkeit theologisch herunterstuft und mehr als Anlage und Bestimmung des Menschen in seiner Gottoffenheit versteht und

---

[16] Lactantius 1919, 101.
[17] Nietzsche 2011, 180.

damit auch von der Vorstellung eines Verlustes oder einer Beschädigung durch die Sünde des Menschen Abstand nimmt. Während Paul Althaus die Unverlierbarkeit der Gottebenbildlichkeit schöpfungstheologisch begründet, argumentiert der späte Karl Barth bundestheologisch: die Bestimmung des Menschen zu Gottes Bundesgenossen kann als „Verheißung und Zusage doch nicht wohl verlorengegangen, keiner totalen oder partiellen Zerstörung unterworfen worden sein"[18]. Wolfhart Pannenberg sieht darin allerdings eine problematische Verabschiedung von einer anthropologischen Rückbindung der Gottebenbildlichkeit überhaupt[19]. Er will seinerseits an die empirisch fundierte Anthropologie der 1. Hälfte des 20. Jahrhunderts anknüpfen und sieht in der *Weltoffenheit* des Menschen seine besondere Anlage, die ihn auch zur Gottesbeziehung qualifiziert. Barth und Pannenberg gemeinsam aber ist, dass sie den Menschen als Gemeinschafts- und Beziehungswesen begreifen[20] und damit die Gottebenbildlichkeit dynamisieren, sie von einer Bestimmung der Individuen weg hin zur Einsicht in ihre „sozietäre Struktur"[21] erweitern und als geschichtlich gebildet begreifen.

2.4 Gottebenbildlichkeit und KI

Hier stellt allerdings nach meiner Auffassung die KI die Theologie noch einmal vor eine neue Herausforderung. Sie scheint zum einen die Nivellierung von Mensch und Maschine und damit dann auch von Mensch und übriger Natur zu vollenden. Ohne dass wir z.B. den mit ihr verbundenen Intelligenzbegriff an dieser Stelle schon

---

[18] Barth 1988, 225.
[19] Vgl. Pannenberg 1983, 56.
[20] Barth verweist in diesem Zusammenhang auf das „Gegeneinander und Füreinander" (Barth, KD III/1, 205) von Mann und Frau, in dem sich das Gegeneinander und Füreinander von Gott und Mensch wiederhole, Pannenberg auf die „Differenz [...] und [...] Gemeinschaft der Geschlechter" (Pannenberg 1983, 516).
[21] Jüngel 1986, 301.

problematisieren, scheint die maschinelle Simulierbarkeit von Intelligenz eindrucksvoll zu demonstrieren, dass der Mensch auch „nichts anderes" ist als eine Maschine. Das trifft zusammen mit einem Verständnis von Leben, das im Kontext einer evolutionsbiologischen Perspektive auf Problemlösen und Nützlichkeit fokussiert wird. Geist und Denken des Menschen erscheinen in dieser Sicht als reine Instrumente zur Steigerung von Fitness, wie dies schon der Physiker Ludwig Boltzmann Ende des 19. Jahrhunderts formulierte:

> „Das Gehirn betrachten wir als den Apparat, das Organ zur Herstellung der Weltbilder, welches sich wegen der großen Nützlichkeit dieser Weltbilder für die Erhaltung der Art entsprechend der Darwinschen Theorie beim Menschen geradeso zur besonderen Vollkommenheit ausbildete, wie bei der Giraffe der Hals, beim Storch der Schnabel zu ungewöhnlicher Länge."[22]

Die KI erscheint dann als Fortsetzung der Evolution mit anderen, vom Menschen selbst hervorgebrachten Mitteln, die ihn nun zu übersteigen scheint und ihn – so die Perspektive entsprechender Unheilspropheten – entweder hinter sich lassen oder ihm – so die Perspektive entsprechender Heilspropheten – ganz neue, trans-humane Existenzmöglichkeiten eröffnen wird.[23]

Zeigt die KI, dass der Mensch „nichts anderes" ist als ein in der Evolution erfolgreicher Problem Solver, der nun von seinen eigenen, technisch erzeugten Produkten noch übertroffen wird? Das ist in etwa die Perspektive, die das viel diskutierte Buch „Homo Deus" des israelischen Historikers Yuval Noah Harari entwickelt.[24] Es gehört eigentlich mit seinem Vorläufer zusammen, dem Buch „Eine kurze Geschichte der Menschheit"[25], in dem Harari den Siegeszug

---

[22] Boltzmann 1979, 111.
[23] Zu den eher warnenden Unheilspropheten gehört der Oxforder Philosoph Nick Bostrom, zu den eher euphorischen Heilspropheten gehören Leitfiguren des Silicon Valley wie etwa der Autor, Erfinder und Director of Engineering bei Google, Ray Kurzweil. Vgl. dazu: Evers, im Erscheinen.
[24] Harari 2017.
[25] Harari 2015.

des Homo sapiens bis in die Gegenwart beschreibt. Seine These lautet, dass der moderne Mensch sich aus der biologischen Evolution heraus zu der wichtigsten Kraft entwickelt habe, die die globale Entwicklung auf unserem Planeten bestimmt. Das alles erzählt er als ein naturalistisch-biologistisches Groß-Narrativ, das durch die „Herrschaft der natürlichen Auslese"[26] bestimmt wird. Doch zugleich sieht er diese Geschichte mit der Entwicklung von KI an ein Ende gekommen. Nun beginnt eine neue Epoche, in der der Mensch als Homo sapiens, d.h. der Mensch im Sinne des traditionellen westlichen Humanismus, überwunden ist und sich in eine neue Existenzform, den Homo Deus, den gottgleichen Menschen überführt, mit dem aber der Homo sapiens die Kontrolle über sich selbst verliert und schließlich durch nicht-bewusste, aber ungleich effektivere Algorithmen abgelöst wird. Deshalb trägt der Fortsetzungsband „Homo Deus" auch den Untertitel „Eine kurze Geschichte von Morgen". Damit erhält der Gedanke der Gottebenbildlichkeit eine ganz neue Wendung. Nicht mehr der Mensch ist nach dem Bild Gottes geschaffen, sondern Götter werden durch den Menschen hervorgebracht, mit denen er sich dann verbünden und denen er sich letztlich unterwerfen muss, will er nicht untergehen.

Das allerdings stellt die Frage, was angesichts der Leistungen der KI, mit der sich scheinbar der Mensch selbst übertrifft, der Gedanke der Gottebenbildlichkeit noch austragen kann. Das Besondere des Menschen im Vergleich zur Maschine scheint weniger in der Intelligenz zu liegen, wenn man diese als Fähigkeit zur definierten Problemidentifizierung und dann -lösung versteht, als in seiner Biologie, in seiner leiblichen Lebensform. Doch welche Bedeutung hat dies im Zeitalter der Informationstechnologie, und wie kann darin der Gedanke der Gottebenbildlichkeit zum Tragen kommen? Um das beantworten zu können, wollen wir im nächsten Abschnitt ein paar grundlegende Überlegungen zum Verhältnis von Mensch und KI anstellen, um dann konkret nach den Auswirkungen auf

---

[26] Harari 2015, 486.

das Selbst- und Gottesverhältnis des Menschen zu fragen und Orientierungsfragen weder der Informationstechnologie noch den Post- oder Transhumanisten zu überlassen.

3. Künstliche Intelligenz: Zur Differenz zwischen Mensch und Maschine

Wir müssen uns im Folgenden auf einige Grundzüge beschränken, die für unsere Thematik von besonderer Bedeutung sind. Genaueres und weiteres kann man in anderen Beiträgen dieses Bandes nachlesen.

3.1 Regelfolgen und Verstehen

Was relativ unstrittig sein sollte, ist die These, dass KI *Regeln* befolgt und, ausgehend von einfachen Regeln, bessere Regeln entwickelt, um bestimmte Aufgaben effektiv, d.h. mit geringer Fehlerquote und in kurzer Zeit zu lösen. Der Allgemeinbegriff für solche Regeln ist der des Algorithmus. Künstlich ist eine solche Intelligenz im Sinne unseres heutigen Sprachgebrauchs dann, wenn sie von Menschen mit Hilfe von Computern, also mit Code-basierten, elektronischen Rechensystemen, realisiert wird, die hohe Geschwindigkeiten bei der Ausführung und der Optimierung von codierten Algorithmen erlauben.

Wichtig ist mir an dieser Stelle der Hinweis, dass KI allerdings im Unterschied zu menschlicher Intelligenz[27] nicht in der Lage ist,

---

[27] Nur mit dieser beschäftige ich mich hier. Ob und in welcher Hinsicht auch bestimmte Tiere als intelligent bezeichnet werden können, kann für unsere Erörterung offenbleiben. Ich gehe davon aus, dass auch Tiere Probleme identifizieren und eigenständig lösen können und deshalb intelligent sind. Höhere Tiere dürften auch Bedeutungen verstehen. Was Tiere mit Menschen teilen, ist die verkörperte Existenz als lebendige Wesen, die gegenüber der eigenen Fortexistenz ungleichgültig sind und also leben *wollen*.

Bedeutungen zu verstehen. Das Befolgen von Regeln setzt nämlich nicht voraus, dass die Bedeutung der Regeln und der Aufgaben, zu deren Lösung die Regeln dienen sollen, verstanden werden. Denn das Verstehen von Bedeutungen ist selbst nicht vollständig reduzierbar auf das Befolgen von Regeln und deshalb in ihnen auch nicht enthalten. Es kann nicht selbst formalisiert werden, weil es die Voraussetzung für die Entwicklung von Regeln überhaupt darstellt. Verstehen liegt gewissermaßen immer im Rücken des Regelfolgens und kann nur bedingt selbst wieder in die Form einer Regel gebracht werden.

Das hat in den Anfängen der Debatte um die Fähigkeiten und Grenzen von KI der Philosoph John Searle durch ein Gedankenexperiment veranschaulicht, dessen Grundintention er bis heute verteidigt.[28] Es ist das Argument des Chinesischen Zimmers. In etwas abgekürzter Form geht diese Gedankenexperiment so, dass man sich einen geschlossenen Raum vorstellen soll, in dem ein Mensch sitzt, der keinerlei Chinesisch versteht. Dieser Mensch erhält Zettel, auf denen in chinesischer Sprache mit chinesischen Schriftzeichen eine Geschichte abgedruckt ist. Es wird nun darüber hinaus angenommen, dass dem Menschen in dem abgeschlossenen Raum ein Set von chinesischen Schriftzeichen zur Verfügung steht sowie eine in seiner Muttersprache abgefasste Anleitung, die Regeln enthält, wie er rein auf der Ebene der Zeichen bestimmte Kombinationen von chinesischen Schriftzeichen aus der chinesischen Geschichte extrahieren kann. Er erhält nun Fragen zu der Geschichte, wieder in chinesischen Schriftzeichen, in sein Zimmer hineingereicht und außerdem noch eine weitere Anleitung in seiner Muttersprache, die es ihm ermöglicht, auf diese Fragen nach Maßgabe der ersten Anleitung bestimmte chinesische Schriftzeichen zusammenzustellen. Diese Zusammenstellungen gibt er durch die Öffnung in seinem Raum wieder nach draußen. Wenn die Anleitungsbücher entsprechend gut konzipiert sind, könnte ein chinesischer

---

[28] Vgl. z.B. Searle 1980 und Searle 2014.

Muttersprachler außerhalb des Raumes den Eindruck gewinnen, dass die Person in dem Zimmer die chinesische Geschichte verstanden hat und auf die gestellten Fragen sinnvolle Antworten gibt, obwohl die Person nur den Regeln der Anleitungen folgt, aber vom Inhalt der Geschichte, den Fragen und Antworten keine Ahnung hat.

Searles Argument läuft darauf hinaus, dass das Befolgen von Regeln, so komplex es auch sein mag, keine hinreichende Bedingung dafür ist, dass man etwas versteht. Ein Computer kann mit Hilfe komplexer Algorithmen auf sprachliche Zeichen durch andere sprachliche Zeichen so reagieren, dass dies von den Reaktionen eines muttersprachlichen Menschen nicht unterscheidbar ist, besonders wenn es sich z.B. um Informationsfragen handelt. Das allein bedeutet aber noch nicht, dass ein solcher Computer die entsprechenden Bedeutungen, die menschliche Sprecher mit diesen Zeichen verbinden, versteht. Der entscheidende Unterschied zwischen Mensch und Maschine besteht dann darin, dass eine menschliche Person nicht einfach Regeln folgt, sondern im Allgemeinen auch die Bedeutungen versteht, die sich mit diesen Regeln verbinden, ja durch die die Regeln erst ihren Sinn erhalten. Wenn wir z.B. davon sprechen, dass eine Texterkennung „versteht", was wir sagen, dann meinen wir damit eigentlich, dass das Texterkennungssystem den Input verarbeitet und einen entsprechenden Output erzeugt hat, der uns semantisch sinnvoll erscheint. Das ist im Prinzip nicht anders, als wenn wir sagen, dass ein Thermostat „fühlt", wenn es in einem Raum zu kalt wird. Die Texterkennung „versteht" in einem signifikanten Sinne ebenso wenig wie ein Thermostat „fühlt".

3.2 Das menschliche Netz der Absichten

Interessant ist die Frage, warum wir eine solche Begrifflichkeit überhaupt verwenden. Das dürfte damit zu tun haben, dass diese Maschinen in das Netz unserer Absichten eingebunden sind und

Verlängerungen unseres eigenen absichtsvollen, intentionalen Handelns darstellen. Wir sprechen eigentlich von *unserem* Verstehen, Fühlen etc., wenn wir dies von Maschinen aussagen. Die Versuchung, Maschinen tatsächlich als verständig, personal oder ähnliches aufzufassen, beruht dann darauf, dass wir es in ihnen auf eine vielfach vermittelte Weise doch am Ende tatsächlich mit uns selbst zu tun haben. Wenn wir uns über eine Texterkennung ärgern, die uns falsch versteht, oder wir einem Roboter Gefühle unterstellen, dann ist es wenig sinnvoll, sie z.B. wegen des mangelnden Verständnisses oder einer unangemessenen Gefühlslage zu beschimpfen. Es handelt sich vielmehr um offensichtliche Fehler oder Grenzen ihrer Funktionalität. Und darauf sind sie eigentlich nicht selber ansprechbar, sondern ihre Konstrukteure und Programmierer wären die richtigen Adressaten.

Das ist deshalb der Fall, weil Menschen nicht nur wissen, wie sie auf bestimmten Input zu reagieren haben, sondern innerhalb der Verstehensdimension auch darauf ansprechbar sind, warum sie dies so oder so tun. Menschen folgen nicht nur Regeln, sondern wissen, dass sie Regeln folgen und sollten dafür auch Gründe haben. Das scheint jedenfalls eine Bedingung der Möglichkeit von Verstehen in einem eigentlichen Sinn zu sein, dass Menschen sich in ihrem Regelfolgen noch einmal zu sich und ihrem Regelfolgen ins Verhältnis setzen. Das geht bis dahin, dass Menschen sich Gedanken über Denken und Bedeutungen machen und wiederum nach deren Bedeutungen fragen können, so wie ich dies gerade in diesen Ausführungen tue. Damit erörtere ich im Übrigen nicht nur Bedeutungen und frage nach der Bedeutung von Bedeutungen, so wie ich sie verstehe, ich versuche auch, die Gedanken von anderen und das Verstehen von Bedeutungen, wie andere sie anhand meiner Gedanken und meines Verstehens haben könnten, mit einzubeziehen. Gerade indem Menschen das Netz ihrer Absichten und Intentionen dadurch ausbilden, dass sie von anderen darauf angesprochen werden und sie es mit anderen in Anknüpfung und Widerspruch abstimmen, folgen sie nicht nur Regeln, sondern verstehen sie Bedeutungen.

Deshalb bezieht sich das Verstehen einerseits immer auf anderes Verstehen, weil menschliche Personen ihr Verstehen immer im Zusammenhang von gemeinschaftlichem Leben ausbilden. Andererseits dient Verstehen dem Leben, indem Menschen sich *auf* etwas verstehen, etwas *als* etwas verstehen und darin sich *selbst* verstehen und dieses Verstehen auch zum Ausdruck bringen. Verstehen ist damit ein Vorgang, der grundsätzlich nicht abschließbar ist und auch als solcher immer neu verstanden werden kann. Wir haben nie etwas oder gar uns selbst vollständig verstanden, weil an jedes Verstehen ebenso wie an jedes Missverstehen nur immer neues und anderes Verstehen anschließbar ist, ohne dass man auf eine Grenze des Verstehens von Verstehen stieße.

3.3 Die Rückwirkungen der Künstlichen Intelligenz auf den Menschen

Die entscheidende Herausforderung von KI liegt deshalb nicht in erster Linie darin, dass Maschinen immer menschenähnlicher werden oder gar uns „überlegen" sind. Das ist trivial, weil wir Maschinen ja gerade deshalb entwickeln und benutzen, weil sie Dinge besser können als wir. Und dass digitale Maschinen in vielen Bereichen besser darin sind, regelbezogene Probleme zu lösen, ist längst der Fall. Entscheidend scheinen mir vielmehr drei Punkte zu sein.

Zum einen sind digitale Maschinen mit KI noch einmal ganz anders einbezogen in das gemeinschaftliche Netz der Absichten, als das bei anderen technischen Werkzeugen der Fall ist. Digitale Maschinen mit KI sind inzwischen nicht mehr nur Tools für bestimmte regelbasierte Leistungen wie z.B. das Lösen von mathematischen Aufgaben, sondern sie wirken intensiv zurück auf die Gestaltung dieses gemeinschaftlichen Netzes, in dem wir unser Verstehen ausbilden, bewähren und artikulieren.

Das gelingt ihnen zum zweiten deshalb so gut, weil sie keinen eigenen, aber auch keinen fremden Zwecken zu folgen scheinen. KI scheint nur zu analysieren und beherrschbar zu machen, was ohnehin der Fall ist. Das gelingt ihr deshalb, weil sie nicht einfach nur Regeln folgt, sondern ihr Regelfolgen in Grenzen selbst entwickelt und optimiert. Das geschieht durch so genanntes maschinelles Lernen, bei dem über viele Lernzyklen digitale Systeme ihre eigenen internen Strukturen optimieren, so dass am Ende höchst komplexe Entscheidungssysteme entstehen. Neben einem Lernen, bei dem sowohl die Lernergebnisse als auch die Lernregeln symbolisch repräsentiert sind, haben sich solche Formen eines nicht-symbolischen Lernens seit einiger Zeit als sehr erfolgreich erwiesen. Darunter fallen vor allem die so genannten Neuronalen Netze, die zwar in ihrem Verhalten trainiert werden können, deren Lösungswege aber nicht explizit nachvollzogen werden können. Sie stellen eine Black Box dar, haben sich aber etwa in der Mustererkennung von Sprache oder von Bildern besonders bewährt. Bei ihnen stellt sich die Frage der Kontrolle und des Vertrauens in die durch sie ermöglichten Wissensformen.

Und zum dritten beruht der Erfolg der digitalen Systeme auch darauf, dass digitale Daten inzwischen zum allgegenwärtigen Format geworden sind, das viele Bereiche unserer Wirklichkeit repräsentiert und zugleich neue Wirklichkeiten schafft. Sprache, Klang, Bilder, Texte, Geld, Handel u.v.a.m. sind in Daten abgebildet. Und das Internet bildet neue Formen der Kommunikation, der medialen Öffentlichkeit und des Handelns aus. Dadurch generieren wir alle auch beständig neue Daten über unser Verhalten, indem wir digitale Instrumente wie Smartphones und Computer benutzen, aber auch dadurch, dass immer mehr technische Geräte vernetzt werden, Überwachungssysteme digital operieren, Forschung und Industrie ihre Ergebnisse in Form von Daten produzieren und in dem so genannten Internet of Things Gegenstände über Sensoren verfügen und in digitale Netzwerke eingeschlossen werden, wie dies etwa schon bei Autos der Fall ist. Alle diese Daten nehmen an

Umfang, Geschwindigkeit der Bereitstellung und Auflösung, Bandbreite der von ihnen erfassten Datentypen und an Qualität beständig zu – ein Phänomen, das oft als Big Data bezeichnet wird. Diese Datenströme können wiederum mit Hilfe maschinellen Lernens analysiert werden, das Muster und Korrelationen in dieser Überfülle von Daten zu erkennen versucht.[29]

Nach unserer Analyse geht es am Ende nicht darum, vor KI als solcher zu warnen – schon weil es nicht das eine Phänomen KI gibt, sondern weil es sich um einen komplexen Zusammenhang verschiedener digitaler und technischer Möglichkeiten handelt. Es kann nur darum gehen, unseren Umgang mit eben diesen Möglichkeiten kritisch-konstruktiv zu reflektieren. KI macht den Menschen gerade nicht überflüssig, sondern stellt erneut die Frage des Menschen nach sich selbst. Denn nach wie vor sind es wir Menschen, die das Netz der Absichten bilden, in das die digitalen Systeme eingebunden sind und in dem sie agieren. Sie wirken allerdings mit ihrem besonderen Charakter und ihren Intelligenzformen auf dieses Netz zurück. Und sie verschleiern durch ihren besonderen Charakter die Absichten und Zwecke, zu denen sie benutzt werden können. Das macht sie so attraktiv für die Überwachung und Kontrolle der Bevölkerung in totalitär ausgerichteten Systemen. Sie erscheinen als bloße Medien zur Organisation und Koordination gesellschaftlichen Verhaltens, ohne dass ihr machtförmiger Charakter gleich offensichtlich wäre.

Und sie beginnen, Bedürfnisse und Probleme zu erzeugen, zu deren Befriedigung bzw. Lösung sie dann selbst wieder benötigt werden. Das macht sie so anfällig für kommerzielle Monopolisierung. Wer möglichst exklusiv viele gute Daten – möglichst noch in einem eigenen, exklusiven Format – erzeugt und durch seine Klien-

---

[29] Einige haben deshalb schon das Ende der traditionellen wissenschaftlichen Methode ausgerufen, indem durch computergestützte Nachweise von Korrelationen und durch Simulationen Theorie in einem herkömmlichen Sinne überflüssig gemacht werden soll, vgl. Anderson 2008.

tel erzeugen lässt, hat einen uneinholbaren Vorsprung. Das erklärt die Existenz der „Big Five" des Silicon Valley (Google [Alphabet], Amazon, Facebook, Apple und Microsoft, man könnte inzwischen Netflix u.a. hinzuzählen), die durch entsprechende Effekte und die erfolgreiche Kapitalisierung von Nutzerdaten eine marktbeherrschende Stellung erhalten haben. Insofern sind einzelne Geräte als Träger von KI heutzutage eingebettet in ganze Infrastrukturen, die man vielleicht nicht selbst als „intelligent" bezeichnen würde, die aber doch die Wirklichkeit so aufbereiten, dass die Systeme mit KI darin unsichtbar werden.

Dennoch bleibt es dabei, dass Systeme mit KI letztlich selbst absichtslos sind und keine eigenen Interessen verfolgen, weil sie Bedeutungen nicht verstehen, denn es handelt sich um Maschinen und nicht um soziale, kommunizierende Lebewesen. Am Ende geht es immer um unsere eigenen Absichten und Problemlagen, oder vielmehr darum, wie diese sich in der durch die digitale Revolution veränderten Gegenwart ausbilden, transformieren und artikulieren. Es bleibt dabei, dass auch die KI uns erneut mit der Frage nach uns selbst konfrontiert. In eben diesem Kontext wäre durch eine christliche Theologie neu zur Geltung zu bringen, dass unser Menschsein durch seinen Gottesbezug bestimmt und zurechtgebracht wird. Das soll im letzten Teil dieses Beitrags reflektiert werden anhand von Entscheidungssystemen und Selbstmanagement, sowie anhand der Frage nach der Zukunft des Menschen in Utopien und Dystopien, in denen KI eine entscheidende Rolle spielt.

4. KI und der Gottesbezug des Menschen

4.1 Entscheidungssysteme und Selbstmanagement

Systeme mit KI unterstützen dabei, Entscheidungen zu treffen. Dafür gibt es heute unzählige Beispiele. So helfen Assistenzsysteme in Autos, komplexe und gefahrvolle Verkehrssituationen zu analysieren und entweder vor Gefahren zu warnen oder im teilweise autonomen Fahren selbständig Entscheidungen bezüglich der Geschwindigkeit und der Fahrtrichtung zu treffen. Beim Fliegen ist das Starten und Landen mit Hilfe des Autopiloten inzwischen Standard, und im Prinzip wäre pilotenloses Fliegen heute durchaus möglich. Im Börsenhandel erfolgt ein Teil des Handels durch Trading-Bots, d.i. automatisierte Software, die Kauf- und Verkaufsentscheidungen trifft. Bei der Diagnose von Krankheiten, etwa der Entdeckung von Tumoren in Gewebeproben, ist die KI menschlicher Expertise oft überlegen. Diese Aufzählung könnte man fast beliebig fortsetzen. Das Verfahren ist dabei immer das gleiche: KI-Systeme entdecken in Datenströmen Muster und Zusammenhänge und machen sie (besser) beherrschbar, und sie lernen beständig dazu und verbessern ihren Algorithmus aufgrund der Ergebnisse ihrer Entscheidungen. Selbstverbesserung und Selbstkorrektur sind also Teil des Systems, vor allem, wenn es sich um neuronale Netze handelt, die ihre internen Gewichtungen modifizieren.

Daraus folgen allerdings auch grundsätzliche Grenzen der Anwendung von KI. So ist die Rekonstruierbarkeit des Zustandekommens der Entscheidungen solcher Systeme oft prekär. Will man sie nachvollziehen und deren Kriterien explizieren, ist das oft unmöglich, weil diese Systeme auch für die Computerfachleute den Charakter einer Black Box haben. Für sie gilt deshalb Polanyis Paradox, das allerdings auch für große Teile menschlichen Wissens gilt: „Wir wissen mehr, als wir sagen können."[30] Wie wir z.B. ein Gesicht erkennen, können wir nicht sagen, auch wenn es uns ohne große Anstrengung gelingt. Und wir beherrschen unsere Muttersprache durch Praxis und Konditionierung, ohne dass wir ihre grammatischen Regeln explizieren könnten. Wie es zu dem selbst optimierten Entscheidungsalgorithmus eines Systems mit KI gekommen ist und wie dessen Kriterien in unsere Alltagssprache übersetzt wer-

---

[30] Diese These hat der Chemiker und Philosoph Michael Polanyi zum Ausgangspunkt seines Buches über implizites Wissen gemacht, vgl. Polanyi 1966, 4: „we can know more than we can tell" (im Original kursiv).

den können, kann das System selbst nicht sagen. Weil es sich nicht um ein lebendiges, verkörpertes Wesen handelt, das im Zusammensein mit anderen ein Selbst ausbildet, sondern um eine Regeln folgende und sie funktional optimierende Maschine, „versteht" sie sich nicht noch einmal auf ihr eigenes „Verstehen" bzw. „Missverstehen". Im Unterschied zu uns Menschen kann man ein System mit KI nicht dazu bringen, über sich nachzudenken und sich in seinen Entscheidungen *ethisch* zu hinterfragen.

Außerdem zeigt die Erfahrung, dass KI in dem Sinne künstlich bleibt, dass sie sich rein an den Daten und ihren Strukturen orientiert, ohne das Weltwissen und die Lebenserfahrung zu haben, die Menschen auszeichnen. So unterlaufen Entscheidungssystemen auch immer wieder eklatante Fehler, die menschlichen Entscheidern nie unterlaufen wären, weil in Daten Muster entdeckt werden, die z.B. auf veraltete oder eigentlich irrelevante Daten zurückzuführen sind, oder Muster nicht erkannt werden, weil man dazu Einsichten bräuchte, die in den Daten nicht enthalten sind.[31] Außerdem bleiben Fehlentscheidungen bestehen und wiederholen sich, wenn das System keine entsprechende Rückmeldung bekommt. Es kann zu selbstverstärkenden Schleifen kommen, wenn etwa ein System in einem Stadtviertel höhere Kriminalität vermutet und daraufhin die Polizei dort vermehrt Streife fährt. Dadurch werden mehr Verbrechen in diesem Viertel entdeckt, was dem System einen Erfolg meldet, so dass es darin bestätigt wird, dass in diesem Viertel die Kriminalität erhöht ist. Überhaupt können sich auf analoge Weise Diskriminierungen von Personengruppen ergeben und verstärken, die gesellschaftlich und politisch inakzeptabel sind.[32] Das macht solche Systeme aber auch anfällig für Manipulation. Der Nachweis von Diskriminierungen oder Manipulationen,

---

[31] Deshalb ist es auch problematisch, neuronale Netze bei technischen Verfahren einzusetzen, bei denen Restrisikolimits garantiert eingehalten werden sollten, z.B. bei der Nutzung von Atomenergie, aber auch bei militärischen Operationen.

[32] Für Beispiele vgl. Kollek und Orwat 2020.

wenn etwa gegen die Entscheidungen eines Systems von Betroffenen geklagt wird, kann schwierig sein. Zwar gibt es durchaus Möglichkeiten, Fehlerquellen und Einseitigkeiten zu vermeiden. Doch dazu eben gehört die Regulierung der KI, ihre Testung durch menschliche Prüfer[33], ihre engere Einbindung in soziale Normen und Vorgaben und die Forderung von Transparenz und Nachvollziehbarkeit der Entscheidungen. Kritiker fordern deshalb z.B., dass öffentliche Einrichtungen wie Strafjustiz, Gesundheitswesen, Wohlfahrt und Bildung keine Black-Box-KI verwenden sollten. Gefordert wird eine Explainable Artificial Intelligence (XAI), die im Prinzip verstehbar und damit kontrollierbar sein muss.

Eine religiöse Dimension bekommen diese Zusammenhänge dann, wenn KI auf die Lebensführung von Menschen angewendet wird und damit auf das ausgreift, was wir als das Netz von Absichten bezeichnet haben, in dem wir als Menschen unsere Existenz im Spannungsfeld von Individualität und Gemeinschaft entwerfen. Die Moderne hat in den westlichen Gesellschaften, aber inzwischen auch weit darüber hinaus, zu einer Pluralität von Lebensentwürfen und zu einer Entwicklung von Individualität und Wahlmöglichkeiten geführt, die frühere Zeitalter nicht gekannt haben. Das hat eine Kultur von unbedingter Authentizität mit sich gebracht, deren Imperativ lautet, dass man der oder die oder das sein soll, wer oder was man ist. Der Islamwissenschaftler Thomas Bauer spricht gar vom „Authentizitätswahn"[34], der mit dem Unbehagen einhergeht, immer und überall sich selbst verwirklichen zu müssen, um sich selbst nicht zu verlieren.

Hier scheint die KI Entlastung zu versprechen, weil sie eine strikt selbstbezogene Lebensführung ermöglicht, ohne kulturell oder institutionell gesteuert zu sein. Algorithmen scheinen neue Formen von Individualisierung und Selbstmanagement zu erlauben. IT-Unternehmen haben das früh erkannt. Schon 2007 hat Eric Schmidt als CEO von Google als Ziel ausgegeben, dass Google „von

---

[33] Wiederholt ist ein TÜV für Algorithmen und KI gefordert worden.
[34] Bauer 2018, 62–70.

der Diktatur der Freiheit erlösen" und helfen möchte, den Alltag von Menschen zu organisieren. „Es ist das Ziel, es Google Usern zu ermöglichen, Antworten auf Fragen wie ‚Was soll ich morgen tun?' und ‚Welchen Beruf soll ich ergreifen?' zu erhalten."[35] Drei Jahre später ging Schmidt noch darüber hinaus: „Ich denke tatsächlich, die meisten Menschen möchten nicht, dass Google ihre Fragen beantwortet. Sie möchten, dass Google ihnen [einfach] sagt, was sie als nächstes tun sollten."[36]

Das kann allerdings nur deshalb einleuchten, weil die individualisierten Entscheidungssysteme mit KI eben gerade kein fremdes Programm exekutieren, sondern versprechen, auf je individuelle Weise das Selbstverhältnis von Menschen optimieren zu können. So wurde für die Apple Watch 4 damit geworben, dass sie Nutzern helfen kann, „in Kontakt zu bleiben, aktiver zu sein und ihre Gesundheit auf verbesserte neue Weise zu steuern". Auf den amerikanischen Seiten von Apple gar hieß es, die Uhr sei „part guardian, part guru" („teils Wächter/Aufpasser [!], teils Guru [!]") und mache jeden Nutzer zu einem besseren Menschen.[37] Hier kommt der KI ihre Opazität, ihre Undurchsichtigkeit gerade zugute. Denn dadurch erscheint sie als bloßes Tool, als Werkzeug eines je individuellen Selbstmanagements. Sie ist unparteiisch und nicht personal verfasst, so dass sie ohne soziale Verpflichtungen benutzt werden kann und nicht den Empfindlichkeiten von Ich-Du-Verhältnissen unterliegt. Durch den Verzicht auf letzte Erklärbarkeit und Konzentration auf ein zielorientiertes, effektives Management vermittelt durch intuitive Benutzeroberflächen scheint es nur um lockere

---

[35] Financial Times vom 22. Mai 2007, online unter: www.ft.com/content/c3e49548-088e-11dc-b11e-000b5df10621 (Stand: 04.08.2021).

[36] The Wall Street Journal vom 14. August 2010, online unter: www.wsj.com/articles/SB10001424052748704901104575423294099527212 (Stand: 04.08.2021).

[37] Die Werbung findet sich noch vielfach im Internet, vgl. z.B. https://theonepoint.co.uk/news/post/get-apple-watch-4-on-02 (Stand: 11.08.2021).

Kohärenz zu gehen, so dass der Umgang mit der medial vermittelten Wirklichkeit einen weniger kognitiven als vielmehr spielerischen, explorativen und ästhetischen Charakter gewinnt und zum je individuellen „Life Style" verhilft. Das trifft zusammen mit der Möglichkeit, sich in den sozialen Medien selbst darzustellen und zugleich unendliche Anregungen dafür zu erhalten. KI wählt Nachrichten aus, denen man folgt, schlägt Musik vor, die man hört, sucht den Handyvertrag, der zu einem passt. Vielfalt, Individualität, Authentizität und soziale Anerkennung scheinen so auf neue Weise zusammenzustimmen.

Damit aber kann KI auch quasi-religiöse Züge annehmen. Als „Kontingenzbewältigungspraxis"[38] erscheint sie religionsanalog und ersetzt religiöse Vollzüge wie Orakel, Gebet, Segnung, Diätetik und andere Formen von spirituellen Strategien. Sie entlastet von Entscheidungsüberforderung und verspricht, den Selbstfindungs-, Authentizitäts- und Anerkennungsansprüchen der Moderne Genüge tun zu können. Doch geht es bei Religion und Glauben eigentlich um die Dimensionen menschlichen Daseins, die sich gerade nicht formal einfangen lassen, die – um noch einmal Hermann Lübbe zu bemühen – handlungssinntranszendent sind, und die doch fundamental sind für unsere Existenz: Sympathie, Vertrauen, wechselseitige Achtung und Anerkennung, Freundlichkeit, Güte, Liebe, Barmherzigkeit... Idealerweise versuchen Religion und Glauben, diese Dimensionen des Lebens zugänglich und kommunizierbar zu machen, ohne den Anspruch zu haben, sie operationalisieren und unter Kontrolle bringen zu können.

Von der Gottebenbildlichkeit des Menschen her wäre geltend zu machen, dass nichts und niemand über einen Menschen „im Bilde" sein kann, weder ein geheimnisvoller Algorithmus noch der betreffende Mensch selbst. Menschen als Gottes Ebenbild partizipieren auch an der Unverfügbarkeit, an der Bildlosigkeit Gottes[39]. Das

---

[38] Diesen Ausdruck zur Bezeichnung der Funktion von Religion hat Hermann Lübbe geprägt, vgl. z.B. Lübbe 1986, 150 u.ö.

[39] Vgl. das alttestamentliche Bilderverbot Ex 20,3–5 und Dtn 5,7–9.

ist nicht als Defizit, sondern als positiver Freiraum und Überschuss zu verstehen. Menschen sind als von Gott geschaffene und nicht von einem Designer hergestellte Lebewesen nicht ein Rätsel, dass gelöst oder entschlüsselt werden kann – auch nicht mit Hilfe von KI. Auch mit Hilfe von noch so viel Forschung und Datenanalyse können wir uns letztlich nicht selbst auf die Schliche kommen und uns ganz durchsichtig werden – Gott sei Dank. Von daher gilt es, die in den Versprechungen von KI oft versteckte Reduzierung von Menschen auf Konsumenten ebenso zu entlarven und zu hinterfragen, wie man gegenüber einer zunehmenden Kontrolle, Lenkung und Manipulation durch totalitäre politische Strukturen wachsam sein muss.

Doch zugleich müssen Kirche und Theologie auch sensibel werden für die Überforderungsdynamiken der Moderne, auf die Rationalisierung und Operationalisierung mit Hilfe von Digitalisierung jedenfalls ein Teil der Antwort zu sein scheint. An diesem Punkt überschreitet das Konzept der Gottebenbildlichkeit sein säkulares Pendant der Menschenwürde, wenn damit festgehalten wird, dass Menschen in ihrem Geschöpfsein *bejahte* Geschöpfe sind. Es wäre deshalb deutlich zu machen, dass Individualität und Authentizität im Gottesverhältnis des Menschen immer schon Gabe und Geschenk sind. Allenfalls im Nachhinein sind damit auch Anspruch und Forderung verbunden, dem, was Menschen in ihrem Gottesverhältnis immer schon sind und von dem sie auch lebensweltlich immer schon herkommen, dann auch in ihrem Selbstverhältnis und untereinander durch aktive Nächstenliebe zu entsprechen. Gerade gegenüber den mit dem Stichwort „Authentizitätswahn" angesprochenen Dynamiken der Moderne wäre etwa auf die entlastende Funktion von Gottesdienst als Feier und Unterbrechung des Alltags, von Gebet und Ritual hinzuweisen. Und an Techniken der Selbstoptimierung sowie an Strukturen der Überwachung und Kontrolle wäre der Mehrwert von Imagination und Uneindeutigkeit deutlich zu machen, die auf ihre Weise zu einer heilsamen

Pflege von Ambiguitätstoleranz beitragen[40] oder – traditionell gesprochen – von Gnade und Barmherzigkeit.

Für den Umgang mit KI hieße das, darauf zu achten, dass sie und wie sie die Vermittlung von Vielfalt und Bestimmtheit fördern und einzuüben helfen kann, ohne diese Spannung nach einer der Seiten hin aufzulösen. Man sollte nicht der Suggestion auf den Leim gehen, KI könnte die Wirklichkeit besser und tiefer „verstehen" als wir das tun, weil die Dimension des Verstehens eben Lebewesen mit einem Selbstverhältnis vorbehalten ist, wie wir gesehen haben. KI liefert wichtige und nützliche Werkzeuge, aber was das für unser Selbstverstehen, unser Miteinander und das Verstehen der Wirklichkeit bedeutet, ist eine Frage, die sie uns nicht beantworten kann.

Und noch ein letzter Punkt ist in Bezug auf das Konzept der Gottebenbildlichkeit des Menschen wichtig: Systeme mit KI dürfen weder zum Götzen werden noch auf Kosten von zwischenmenschlichen Beziehungen gehen. So müssen etwa künstliche, subjektsimulierende Maschinen, mit denen wir als Menschen kommunizieren oder die in unserem Alltag an die Stelle von einem menschlichen Gegenüber treten – von einem einfachen Chat-Bot auf einer Internetseite über virtuelle Spielwelten bis hin zu in der Pflege eingesetzten Robotern – als eben künstliche Systeme identifizierbar und ausgewiesen sein. Weil wir mediale und personale Beziehungswesen sind, kann es sonst zu einer Abhängigkeit von mit Hilfe von KI erzeugten Wesen und Welten kommen. Hier gibt es ein nicht zu unterschätzendes Sucht- und Abhängigkeitspotential. Es muss möglichst eine freie Entscheidung von Menschen bleiben (können), ob, wann und wie sie mit einer Maschine interagieren wollen oder nicht. Und es muss klar sein, dass wir anderen Menschen als Ebenbildern Gottes gegenüber, auch und gerade wenn sie in ihrem Menschsein angegriffen und beschädigt sind, Pflichten haben, Maschinen gegenüber aber nicht.

---

[40] Vgl. noch einmal Bauer 2018.

4.2 Utopien und Dystopien: „Wenn ich einmal groß bin, möchte ich Gott werden"

Damit komme ich zu meinen Schlussbemerkungen aus theologischer Perspektive. Seit ihren Anfängen ist die KI von Utopien, aber auch von Dystopien, von Unheilsweissagungen begleitet. Das speist sich in diesem Fall[41] aus der Überlegung, dass mit der KI eine Instanz erzeugt worden ist, der mit Intelligenz die entscheidende, das Menschsein des Menschen ausmachende Eigenschaft in gesteigertem Maße zukommt, so dass sie schließlich sich den Menschen unterwirft oder ihn ablöst und vernichtet. Begründet wird dies seit den Gründungsjahren, in denen man den suggestiven Begriff der KI erfand, mit der Denkfigur, dass dann, wenn die KI beginnt, sich selbst zu verbessern und wenn sie auf immer mehr Lebensbereiche ausgreift, schnell der Punkt erreicht sein wird, an dem sie den Menschen an Intelligenz weit übertrifft und beginnt, ihn und seine Umwelt zu steuern. Die grundlegende Idee stammt schon aus der Frühzeit der KI und wurde erstmals 1965 von dem Britischen Mathematiker Irving J. Good formuliert.[42] Etwas später beschrieb Marvin Minsky als einer der Gründerväter der KI im Magazin „Life" die Idee so:

> In from three to eight years we will have a machine with the general intelligence of an average human being. I mean a machine that will be able to read Shakespeare, grease a car, play office politics, tell a joke, have a fight. At that point the machine will begin to educate itself with fantastic speed. In a few months it will be at genius level and a few months after that its powers will be incalculable.[43]

Für diesen Punkt, an dem die Maschinenintelligenz die menschliche Intelligenz überflügeln soll, hat dann 1983 der Science-Fiction-

---

[41] Zum Verhältnis von Zukunft und profaner wie religiöser Prophetie vgl. Evers 2021.
[42] Vgl. Good 1965, 33.
[43] Darrach 1970, 58D.

Autor und Computerwissenschaftler Vernon Vinge den Ausdruck „Singularität" geprägt.[44] Er geht davon aus, dass spätestens zu diesem Zeitpunkt die KI zum Bewusstsein erwacht, sich zur Superintelligenz entwickelt und nach Gelegenheiten sucht, sich mit menschlichen Körpern und Gehirnen zu verbinden und die Kontrolle über alle technischen Systeme zu übernehmen. Damit wird eine Art göttliche Intelligenz entstehen, die in dieser Sicht nicht als Schöpfer, sondern als spätes Super-Geschöpf erscheint. Zustimmend zitiert Vinge den Physiker Freeman Dyson: „Gott ist das, zu dem sich der Geist entwickelt, wenn er das Maß unseres Verstehens überschritten hat."[45]

Auch Ray Kurzweil, Autor und Director of Engineering bei Google LLC, beschreibt das Szenario einer exponentiellen Entwicklung von KI, die mit anderen Techniken (Gentechnik, Nanotechnik, Neurowissenschaften u.a.) zusammenwächst. In einem Buch von 2005 hat Kurzweil das Erreichen der Singularität für das Jahr 2045 vorhergesagt.[46] Spätestens dann muss die Menschheit sich nach seiner Überzeugung mit der Superintelligenz verbunden haben und wird dann Teil von ihr sein. Diese Superintelligenz soll aber auch in der Lage sein, den Kosmos und seine Gesetze wirklich zu begreifen und dann die gesamte kosmische Entwicklung in neue Bahnen zu lenken. Sie wird „das Universum schaffen, dessen sie bedarf. Das ist das Ziel der Singularität."[47] Auch bei Kurzweil findet sich die Anspielung auf den Gottesbegriff: „Wenn wir Materie und Energie im Universum mit Intelligenz gesättigt haben, wird das Universum ,erwachen', bewusst werden, und überragend intelligent

---

[44] Vgl. die Darstellung bei Chalmers 2010, 9.

[45] Vinge 1993: "God is what mind becomes when it has passed beyond the scale of our comprehension."

[46] Kurzweil 2005, 136.

[47] Kurzweil 2001: "to create the Universe it wants. This is the goal of the Singularity."

sein. Das kommt Gott schon so nahe, wie ich es mir überhaupt vorstellen kann."[48]

Der Philosoph Hubert Dreyfus, die die Entwicklung von KI von Anfang an kritisch begleitete, stellt zu Recht fest: „In dem begeisterten Warten auf die Singularität konvergieren Religion und Technologie."[49] Doch sind alle diese Visionen durch die technischen Entwicklungen in keiner Weise gedeckt. Es ist nicht in Sicht, dass und wie menschliche Körper und Gehirne mit KI verschmelzen könnten noch wie die KI sich Erde und Kosmos irgendwie technisch untertan machen könnte. Wie wir dargelegt haben, verfolgt eine Maschine ohnehin als solche keine Zwecke und Absichten, sondern gewinnt nur dadurch Bedeutung, dass sie in unser Netz der Absichten eingebunden wird. Die von den Protagonisten des Silicon Valley entworfenen Utopien und Dystopien verraten mehr über deren religiös grundierte und durch die kalifornische Filmindustrie[50] befeuerten Phantasien, Ängste, Projektionen und Wünsche als über die Möglichkeiten und Grenzen von KI.

KI ist nicht deshalb eine Herausforderung, weil sie uns als ihre Schöpfer zu verschlingen droht, sondern weil sie bestimmten Aspekten menschlicher Existenz eine Projektionsfläche bietet. Oder um es mit dem IT-Pionier und Autor Jaron Lanier zu sagen: „Die Mythologie ist das Problem, nicht die Algorithmen."[51] Die eigentliche Frage in diesem Kontext lautet also: Was treibt eigentlich unsere Ängste und unsere Sehnsüchte an? Und wie gehen wir mit ihnen angemessen um?

---

[48] Kurzweil 2005, 276: "Once we saturate the matter and energy in the universe with intelligence, it will ‚wake up', be conscious, and sublimely intelligent. That's about as close to God as I can imagine."

[49] Dreyfus 2012, 87: "In current excited waiting for the singularity, religion and technology converge."

[50] Kurzweil 2005.

[51] Vgl. das Interview mit Lanier auf https://www.edge.org/conversation/ jaron_lanier-the-myth-of-ai: "the mythology is the problem, not the algorithms".

Theologisch stellen sich damit nach meiner Überzeugung zwei Herausforderungen. Zum einen brauchen wir ein realistisches, plausibles und reflektiertes *Lob der Endlichkeit* menschlichen Lebens, unseres konkreten, leiblichen Lebens und Sterbens, ja der Endlichkeit aller Wirklichkeit überhaupt, und zwar sowohl innerhalb seiner zeitlichen und räumlichen Schranken als auch innerhalb seiner begrenzten Möglichkeiten. Grenzen und Schranken sind dabei nicht einfach negativ zu verstehen, als ob unserer Existenz oder der Existenz anderer Geschöpfe etwas vorenthalten würde, sondern als Bedingung der Möglichkeit von strukturierter Existenz überhaupt. Nur weil wir endliche Wesen sind und alles in dieser Wirklichkeit nur auf Zeit, nur als Episode, da ist, ist der Reichtum der Schöpfung überhaupt denkbar, steht überhaupt etwas auf dem Spiel in unserem Leben, können Möglichkeiten ergriffen, aber natürlich auch verspielt werden. Schon in einer evolutionsbiologischen Perspektive gilt: Nur weil wir sterben, können wir leben. Nur innerhalb von Grenzen können wir konkret als individuelle, einmalige Wesen existieren, und nur dadurch gibt es für uns die Gegenwart, die es hier und jetzt zu ergreifen und zu bestehen gilt.[52] Dass dies dann in der Perspektive des Glaubens noch mit einem Konzept von Transzendenz und Hoffnung verbunden wird, ist ein zusätzlicher Schritt, der aber seine Voraussetzungen nicht überspringen darf. Von Transhumanismus und Dataismus geschürte Erwartungen, mit Hilfe von utopischer Technik die Todesfrage endgültig überwinden zu können, sind irreale Projektionen und problematische Verschiebungen dessen, worauf es im Leben von Menschen ankommt.

---

[52] Im Übrigen hat schon der Theologe Friedrich Schleiermacher im 19. Jahrhundert davor gewarnt, „dem Interesse des sinnlichen Selbstbewußtseins an der Fortdauer der Persönlichkeit [...] einen Einfluß einzuräumen, der nur zu leicht dem christlichen Glauben und Leben nachtheilig werden, und uns also *die Gegenwart verderben* kann" (Schleiermacher 2003, 465, meine Hervorhebung).

Damit zusammen hängt die zweite Herausforderung: Wir brauchen nicht nur ein angemessenes Verständnis des Geschöpfes als eines konkreten, endlichen Wesens, wir brauchen auch ein angemessenes *Gottesbild*, das nicht einfach aus einer Figur von Steigerung und Überbietung entwickelt wird. Was überhaupt Gott genannt zu werden verdient, kann nicht durch Steigerung von Intelligenz und technischer Beherrschbarkeit gewonnen werden. In christlicher Perspektive wäre herauszustreichen, dass Gott verstanden wird als Geschehen, als Prozess und Vorgang, der traditionell mit der Figur der Dreieinigkeit beschrieben wird. Damit wird einerseits die Menschlichkeit und Zugänglichkeit Gottes herausgestellt, andererseits Gott als der immer noch Andere, als diejenige Größe, die in keiner geschöpflichen Wirklichkeit restlos aufgeht, verstanden. Den Menschen als Bild Gottes zu verstehen, schließt gerade aus, ihn oder irgendeine andere Größe der geschaffenen Wirklichkeit mit Gott zu identifizieren und leitet dazu an, das *menschliche Maß* zu finden – auch im Umgang mit und in der Entwicklung von KI.

Literatur

Anderson, Chris (2008): The End of Theory: The Data Deluge Makes the Scientific Method Obsolete. URL: https://www.wired.com/2008/06/pb-theory/ (Stand: 03.08.2021).

Augustinus, Aurelius (1991): Vom Gottesstaat. Buch 11–22, München, 3. Auflage.

Augustinus, Aurelius (2003): De trinitate. Bücher VIII-XI, XIV-XV, Anhang: Buch V (PhB 523), Hamburg.

Barth, Karl (1988): Die kirchliche Dogmatik III/1. Die Lehre von der Schöpfung. 1. Teilband: Das Werk der Schöpfung, Zürich, 3. Auflage.

Bauer, Thomas (2018): Die Vereindeutigung der Welt. Über den Verlust an Mehrdeutigkeit und Vielfalt, Ditzingen, 2. Auflage.

Boltzmann, Ludwig (1979): Über die Frage nach der objektiven Existenz der Vorgänge in der unbelebten Natur, in: Populäre Schriften (Facetten der Physik 2), Braunschweig, 94–119.

Chalmers, David J. (2020): The Singularity. A Philosophical Analysis, in: Journal of Consciousness Studies, Band 17, 7–65.

Darrach, Brad (1970): Meet Shaky, the First Electronic Person: The Fearsome Reality of a Machine with a Mind of Its Own, in: LIFE, November 20, 1970, 58B-68.

Dingel, Irene (Hrsg.) (2014): Die Bekenntnisschriften der evangelisch-lutherischen Kirche (BSELK), Göttingen.

Dreyfus, Hubert L. (2012): A History of First Step Fallacies, in: Minds and Machines, Band 22, Heft 2, 87–99.

Evers, Dirk (2021): Provisorisch leben. Prognostik zwischen Wissenschaft und Religion, in: Berliner Theologische Zeitschrift (BthZ), Band 38, Heft 1, 280–309.

Evers, Dirk (im Erscheinen): „Know Thyself" – Self-Reflection and the Chances and Limits of Dataism, in: Dalferth, Ingolf U. / Kimball, Trevor W. (Hrsg.): Humanity: An Endangered Idea?

Good, Irving John (1965): Speculations Concerning the First Ultraintelligent Machine, in: Advances in Computers, Band 6, 31–88.

Harari, Yuval Noah (2017): Homo Deus. Eine Geschichte von Morgen, München.

Harari, Yuval Noah (2015): Eine kurze Geschichte der Menschheit, München, 35. Auflage 2019.

Jüngel, Eberhard (1986): Der Gott entsprechende Mensch. Bemerkungen zur Gottebenbildlichkeit des Menschen als Grundfigur theologischer Anthropologie, in: Entsprechungen: Gott – Wahrheit – Mensch. Theologische Erörterungen (Beiträge zur evangelischen Theologie 88), München, 290–317.

Kant, Immanuel (1913): Kritik der Urtheilskraft, in: Gesammelte Schriften Abt. 1: Werke. Bd. 5, Berlin, 165–485.

Kollek, Alma / Orwat, Carsten (2020): Mögliche Diskriminierung durch algorithmische Entscheidungssysteme und maschinelles Lernen – ein Überblick. URL: www.tab-beim-bundestag.de/de/pdf/ publikationen/berichte/TAB-Hintergrundpapier-hp024.pdf.

Kurzweil, Ray (2001): The Law of Accelerating Returns. URL: https://www.kurzweilai.net/the-law-of-accelerating-returns (Stand: 05.08.2021)

Kurzweil, Ray (2005): The Singularity Is Near. When Humans Transcend Biology, New York, NY.

Lactantius, Lucius Caelius Firmianus (1919): Vom Zorne Gottes, in: Aloys Hartl (Hrsg.): Des Lucius Caelius Firmianus Lactantius Schriften (Bibliothek der Kirchenväter 36), Kempten, 67–127.

Lessing, Gotthold Ephraim (1970): Fragmente: Die Religion Erster Gesang, in: Herbert G. Göpfert (Hrsg.), Werke Band I: Gedichte, Fabeln, Lustspiele, München, 169–181.

Lübbe, Hermann (1986): Religion nach der Aufklärung, Graz.

Luther, Martin (1518/2006): Disputatio Heidelbergae habita 1518, in: Lateinisch-Deutsche Studienausgabe (LDStA), Band 1, 35–69.

Luther, Martin (1525/2006): De servo arbitrio / Vom unfreien Willensvermögen 1525, in: Lateinisch-Deutsche Studienausgabe (LDStA), Band 1, 219–661.

Luther, Martin (1536/2006): Disputatio D. Martini Lutheri De homine / Disputation D. Martin Luthers über den Menschen 1536, in: Lateinisch-Deutsche Studienausgabe (LDStA), Band 1, 663–669.

Nietzsche, Friedrich (2011): Der Antichrist, in: Colli, Giorgio / Montinari, Mazzino (Hrsg.): Sämtliche Werke (Kritische Studienausgabe 6), München, 165–254.

Pannenberg, Wolfhart (1983): Anthropologie in theologischer Perspektive, Göttingen.

Polanyi, Michael (1966): The Tacit Dimension, Garden City, NY.

Schleiermacher, Friedrich Daniel Ernst (2003): Der christliche Glaube nach den Grundsätzen der evangelischen Kirche im Zusammenhange dargestellt. Zweite Auflage (1830/31) Teilbd. 2 (Kritische Gesamtausgabe I/13-2), Berlin.

Searle, John R. (1980): Minds, Brains, and Programs, in: Behavioral and Brain Sciences, Band 3, Heft 3, 417–424.

Searle, John R. (2014): What Your Computer Can't Know, in: The New York Review of Books, Band LXI, Heft 15, 52–55.

Vinge, Vernon (1993): The Coming Technological Singularity. How to Survive in the Post-Human Era. URL: https://edoras.sdsu.edu/ ~vinge/misc/singularity.html (Stand: 05.08.2021).

Verzeichnis der Autorinnen und Autoren

Prof. Franz Danksagmüller (Jg. 1969)
Studium der Kirchenmusik, Komposition, Orgel und elektronischen Musik, Organist und Lehrbeauftragter in Wien, Linz und St. Pölten, seit 2005 Professor für Orgel und Improvisation an der Musikhochschule Lübeck, seit 2018 Gastprofessor an der Royal Academy of Music in London.

Prof. Dr. Dirk Evers (Jg. 1962)
Studium der Theologie, 1999 Promotion (ESSSAT-Preis 2002), 2005 Habilitation, 2008 Lehrauftrag an der Universität Zürich, seit 2010 Professor für Systematische Theologie an der Universität Halle-Wittenberg.

Prof. Dr. Dr. h.c. Joachim Funke (Jg. 1953)
Studium der Psychologie, Philosophie und Germanistik, 1984 Promotion, 1991 Habilitation, 1997-2019 Lehrstuhl für Allgemeine und Theoretische Psychologie Heidelberg, Ehrenpromotion Szeged 2015.

Dr.-Ing. Wilfried Hanisch (Jg. 1942)
Berufsausbildung als Fernmeldemechaniker, Studium Elektrotechnik (Schwachstromtechnik) an der TU Dresden mit Spezialisierung auf Informationstechnik und Wahrnehmungspsychologie, Promotion 1978, Arbeiten zur Mustererkennung am Robotron-Forschungszentrum (Fachgebiet Grundlagenforschung) Dresden, Akademie der Wissenschaften (ZKI Berlin), zuletzt Systemspezialist bei Siemens Elektrocom (Konstanz).

Prof. Dr. Alfred Krabbe (Jg. 1956)
Studium der Physik in Münster und Heidelberg, Promotion 1987 am Max-Planck-Institut für Astronomie Heidelberg, 2004 Habilitation an der TU Berlin, seit 2003 Professur für Physik an der Universität zu Köln, seit 2009 Professor für Flugzeugastronomie und Extraterrestrische Raumfahrtmissionen am Institut für Raumfahrtsysteme der Universität Stuttgart, Leiter des Deutschen SOFIA Institutes, seit 2019 Direktor der Evangelischen Forschungsakademie der Union Evangelischer Kirchen (UEK).

Prof. Dr.-Ing. Peter Liggesmeyer (Jg. 1963)
Studium der Elektrotechnik, 1992 Promotion, 2000 Habilitation und Lehrstuhl für Softwaretechnik und Qualitätsmanagement in Potsdam, seit 2004 Lehrstuhl für Software Engineering: Dependability an der TU und Institutsleiter am Fraunhofer Institut für Experimentelles Software Engineering in Kaiserslautern.

Prof. Dr. Catrin Misselhorn (Jg. 1970)
Studium der Philosophie, 2003 Promotion, 2010 Habilitation, 2012 Lehrstuhl für Wissenschaftstheorie und Technikphilosophie in Stuttgart, seit 2019 Professorin für Philosophie in Göttingen.

Prof. Dr. Hermann Michael Niemann (Jg. 1948)
Studium der Evangelischen Theologie in Rostock und Berlin, Promotion 1980 im Fach Altes Testament, Habilitation 1991, 1993-2014 Professor für Altes Testament und Biblische Archäologie an der Universität Rostock, seit 1995 archäologische Ausgrabungen in Israel.

Prof. Dr. Sebastian Rudolph (Jg. 1976)
Lehramtsstudium Mathematik, Physik und Informatik, 2006 Promotion, 2011 Habilitation, 2013 Professor für Computational Logic an der TU Dresden, seit 2020 geschäftsführender Direktor des Instituts für Künstliche Intelligenz.

Prof. Dr. Thomas von Woedtke (Jg. 1962)

Studium der Pharmazie, Fachrichtung Experimentelle Pharmakologie und Toxikologie in Greifswald, 1996 Promotion und 2005 Habilitation im Fach Pharmazeutische Technologie, seit 2008 Forschungsschwerpunktleiter Plasmamedizin am Leibniz-Institut für Plasmaforschung und Technologie e.V. (INP) Greifswald, seit 2011 W2-Professor für Plasmamedizin an der Universitätsmedizin Greifswald, seit 2020 Vorstandsmitglied des INP Greifswald.

Joachim Köhler
Verloren im Cyberspace
Auf dem Weg zur
posthumanen Gesellschaft

368 Seiten | 13 x 21,5 cm
Hardcover
ISBN 978-3-374-06758-9
EUR 22,00 [D]

Wir alle nutzen das Internet, wir verlassen uns auf Algorithmen und künstliche Intelligenz. Doch nur wenige beherrschen das weltweite Netz – und noch weniger verstehen Digitalisierung und Informationsgesellschaft. Sind unsere Suchmaschinen nicht schon längst Suchtmaschinen? Sind Likes und Follower das neue Kokain? Verlieren wir die Kontrolle über unsere Menschlichkeit?

Der Schriftsteller, Journalist und Philosoph Joachim Köhler durchleuchtet mit seinem Sachbuch die schöne neue Digitalwelt kritisch und begibt sich dabei auf die Spuren der Philosophen Leibniz und Nietzsche.

EVANGELISCHE VERLAGSANSTALT
Leipzig www.eva-leipzig.de

Tel +49 (0) 341/ 7 11 41 -44   shop@eva-leipzig.de

Thomas A. Seidel
Sebastian Kleinschmidt (Hrsg.)

Coram Deo
versus Homo Deus

Christliche Humanität statt
Selbstvergottung

GEORGIANA. Neue theologische
Perspektiven | 6

264 Seiten | Paperback
12 x 19 cm
ISBN 978-3-374-06735-0
EUR 20,00 [D]

Des Menschen Fortschrittsglaube gaukelt ihm vor, eines Tages wie Gott sein zu können. Im fundamentalaufklärerischen Westen wird diese »Ursünde« zum letzten Ziel verklärt. Wir überwinden die Natur und werden zur Mensch-Maschine – perfekt, präpotent, unsterblich: Homo Deus! So lautet der Titel des Bestsellers von Yuval Noah Harari, dessen »Geschichte von Morgen« in einer »Daten-Religion« gipfelt, deren »Gott« der »Große Algorithmus« ist. Diese neueste Vision des »neuen Menschen« findet längst globalen Zuspruch. Dieser »neue Mensch« hat keine »neuronal basierte« Lebensgeschichte mehr, keinen Charakter, kein Gesicht. Wie ist aus christlicher Perspektive solchen Utopien zu begegnen? Auf diese Frage will der Band angemessene Antworten geben.

EVANGELISCHE VERLAGSANSTALT
Leipzig www.eva-leipzig.de

Tel +49 (0) 341/ 7 11 41 -44   shop@eva-leipzig.de